?! 歴史漫画《れきしまんが》 タイムワープ シリーズ 通史編《つうしへん》 6

鎌倉時代《かまくらじだい》へタイムワープ

マンガ：イセケヌ／ストーリー：チーム・ガリレオ
イセケヌ
／監修《かんしゅう》：河合《かわい》 敦《あつし》

はじめに

鎌倉時代《かまくらじだい》は、武士《ぶし》によって鎌倉幕府《かまくらばくふ》という政権《せいけん》ができた時代《じだい》です。日本《にほん》ではこの鎌倉時代以降《かまくらじだいいこう》、江戸幕府《えどばくふ》が滅《ほろ》ぶまでおよそ680年《ねん》もの長《なが》い間《あいだ》、武士《ぶし》が主役《しゅやく》の時代《じだい》が続《つづ》きます。

この時代《じだい》について、学校《がっこう》の授業《じゅぎょう》では、源氏《げんじ》と平氏《へいし》という武士《ぶし》の2大勢力《だいせいりょく》の争《あらそ》いから、源氏《げんじ》の源《みなもとの》頼朝《よりとも》が勝利《しょうり》を収《おさ》めて鎌倉幕府《かまくらばくふ》を開《ひら》くことや、武士《ぶし》の生活《せいかつ》や文化《ぶんか》、そして2度《ど》のモンゴル（元《げん》）軍《ぐん》の襲来《しゅうらい》を経《へ》て鎌倉幕府《かまくらばくふ》が滅《ほろ》ぶまでなどを学習《がくしゅう》します。

今回《こんかい》のマンガでは、主人公《しゅじんこう》のエマとケンジが、鎌倉幕府《かまくらばくふ》が生《う》まれる少《すこ》し前《まえ》の日本《にほん》にタイムワープして、源氏《げんじ》と平氏《へいし》の戦《たたか》いに巻《ま》き込《こ》まれてしまいます。彼《かれ》らは、源氏《げんじ》や平氏《へいし》の武将《ぶしょう》と知《し》り合《あ》い、当時《とうじ》の社会《しゃかい》の様子《ようす》や武士《ぶし》の姿《すがた》を学《まな》んでいきます。

みなさんも、ふたりといっしょに、鎌倉幕府《かまくらばくふ》や武士《ぶし》について知《し》る冒険《ぼうけん》に出《で》かけましょう！

監修者《かんしゅうしゃ》　河合《かわい》　敦《あつし》

今回《こんかい》のタイムワープの舞台《ぶたい》は…？

4万年前《まんねんまえ》
2万年前《まんねんまえ》
1万年前《まんねんまえ》
2000年前《ねんまえ》
1500年前《ねんまえ》
1400年前《ねんまえ》
1300年前《ねんまえ》
1200年前《ねんまえ》
1100年前《ねんまえ》
1000年前《ねんまえ》
900年前《ねんまえ》
800年前《ねんまえ》
700年前《ねんまえ》
600年前《ねんまえ》
500年前《ねんまえ》
400年前《ねんまえ》
300年前《ねんまえ》
200年前《ねんまえ》
100年前《ねんまえ》
50年前《ねんまえ》
先史時代《せんしじだい》
古代《こだい》
中世《ちゅうせい》
近世《きんせい》
近代《きんだい》
現代《げんだい》
旧石器時代《きゅうせっきじだい》
縄文時代《じょうもんじだい》
弥生時代《やよいじだい》
古墳時代《こふんじだい》／飛鳥時代《あすかじだい》
奈良時代《ならじだい》
平安時代《へいあんじだい》
ココ!!
鎌倉時代《かまくらじだい》
室町時代《むろまちじだい》
安土桃山時代《あづちももやまじだい》
江戸時代《えどじだい》
明治時代《めいじじだい》
大正時代《たいしょうじだい》
昭和時代《しょうわじだい》
平成時代《へいせいじだい》
令和時代《れいわじだい》
日本人《にほんじん》の祖先《そせん》が住《す》み着《つ》く
土器《どき》を作《つく》り始《はじ》める
貝塚《かいづか》が作《つく》られる
米作《こめづく》りが伝《つた》わる
大和朝廷《やまとちょうてい》が生《う》まれる
平城京《へいじょうきょう》が都《みやこ》になる
平安京《へいあんきょう》が都《みやこ》になる
モンゴル（元《げん》）軍《ぐん》が2度《ど》攻めてくる
室町幕府《むろまちばくふ》が開《ひら》かれる
金閣《きんかく》や銀閣《ぎんかく》がつくられる
江戸幕府《えどばくふ》が開《ひら》かれる
明治維新《めいじいしん》
大正《たいしょう》デモクラシー
太平洋戦争《たいへいようせんそう》
高度経済成長《こうどけいざいせいちょう》
米作《こめづく》りが広《ひろ》まる
巨大《きょだい》なお墓《はか》（古墳《こふん》）がつくられる
奈良《なら》の大仏《だいぶつ》がつくられる
華《はな》やかな貴族《きぞく》の時代《じだい》
鎌倉幕府《かまくらばくふ》が開《ひら》かれる（武士《ぶし》の時代《じだい》の始《はじ》まり）
戦国時代《せんごくじだい》
町人文化《ちょうにんぶんか》が盛《さか》んになる
文明開化《ぶんめいかいか》
現代《げんだい》

もくじ

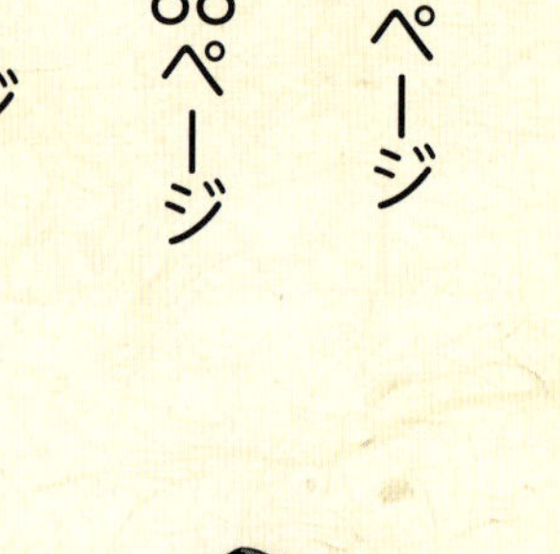

歴史《れきし》なるほどメモ

教《おし》えて!! 河合先生《かわいせんせい》 鎌倉時代《かまくらじだい》 おまけ話《ばなし》

登《とう》場《じょう》人《じん》物《ぶつ》

エマ

運動神経《うんどうしんけい》ばつぐんで、食《く》いしん坊《ぼう》な小学生《しょうがくせい》。
歴史《れきし》の知識《ちしき》はまったくないが、
タイムワープしても心配《しんぱい》することなく、
元気《げんき》いっぱいの少女《しょうじょ》。
馬《うま》を乗《の》りこなし、弓矢《ゆみや》も上手《じょうず》。
鎌倉時代《かまくらじだい》の武士《ぶし》たちも、
エマのすごさにおどろく。

ケンジ

少《すこ》し歴史《れきし》に興味《きょうみ》のある小学生《しょうがくせい》。
優《やさ》しくておとなしい少年《しょうねん》で、
運動音痴《うんどうおんち》だが意外《いがい》と音楽《おんがく》は得意《とくい》!?
タイムワープ先《さき》で騒動《そうどう》に
巻《ま》き込《こ》まれるたびに、
ドキドキ・ハラハラ。
いつでもどこでも
怖《こわ》いもの知《し》らずな
エマに手《て》を焼《や》いている。

治郎《じろう》

まだ少年《しょうねん》だが、
戦《いくさ》の天才《てんさい》・源 義経《みなもとのよしつね》と
行動《こうどう》をともにしている武士《ぶし》。
とにかく義経《よしつね》のことが大好《だいす》きで、
義経《よしつね》のことを語《かた》りだしたら止《と》まらない。
エマとケンジを源氏軍《げんじぐん》に迎《むか》え入《い》れる。

オッサン

「歴史遠足《れきしえんそく》」の案内《あんない》をするタブレット。
正常《せいじょう》な時《とき》は歴史《れきし》の知識《ちしき》を
エマとケンジに教《おし》えてくれるなど、
優秀《ゆうしゅう》なナビゲーターだが、
調子《ちょうし》が悪《わる》くなるとキャラが変《か》わり、
忘《わす》れたり、寝《ね》てしまったりする。

先生《せんせい》&《アンド》鳥《とり》バス

けっこういいかげんなエマとケンジの
クラス担任《たんにん》と、「歴史遠足《れきしえんそく》」で乗《の》る、
タイムワープできる鳥《とり》の形《かたち》をしたバス。

ゲンペー1号

1章《しょう》
鎌倉時代《かまくらじだい》へ遠足《えんそく》だ！

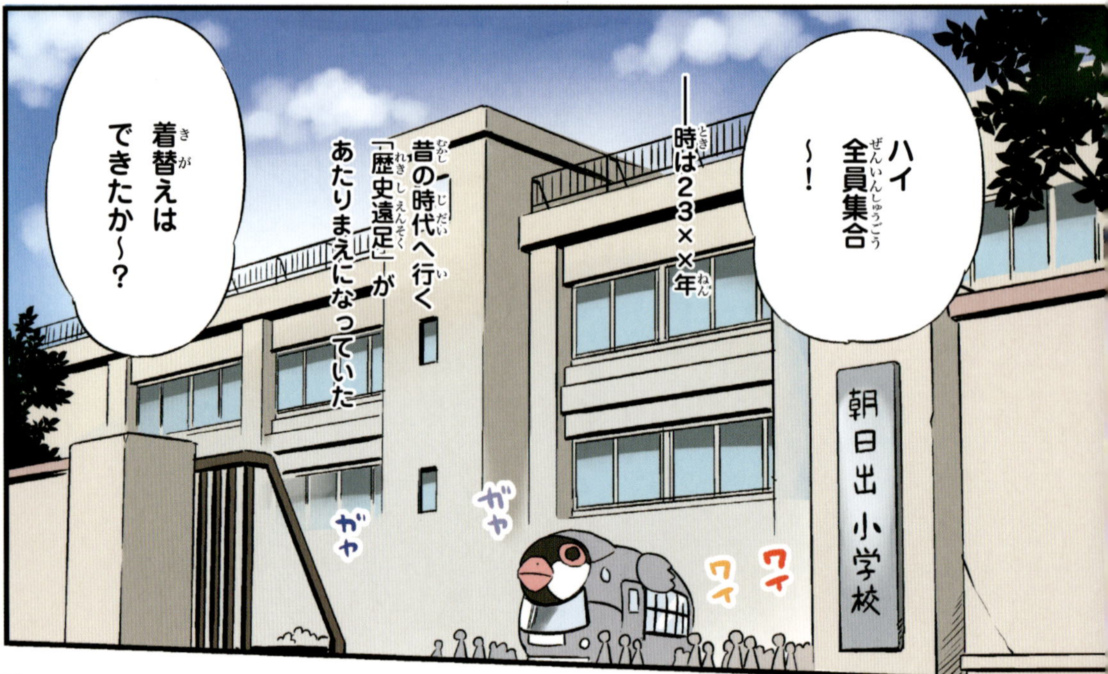
ハイ 全員集合《ぜんいんしゅうごう》～！
──時《とき》は23××年《ねん》
昔《むかし》の時代《じだい》へ行《い》く「歴史遠足《れきしえんそく》」があたりまえになっていた
着替《きが》えはできたか～？
朝日出小学校
ワイ
ワイ
ガヤ
ガヤ

見《み》て見《み》て～ わたしは武士《ぶし》の娘《むすめ》～♥
わい
わい
オレも武士《ぶし》だぜ！
ガヤ
わらわは貴族《きぞく》の子《こ》でおじゃるよ～

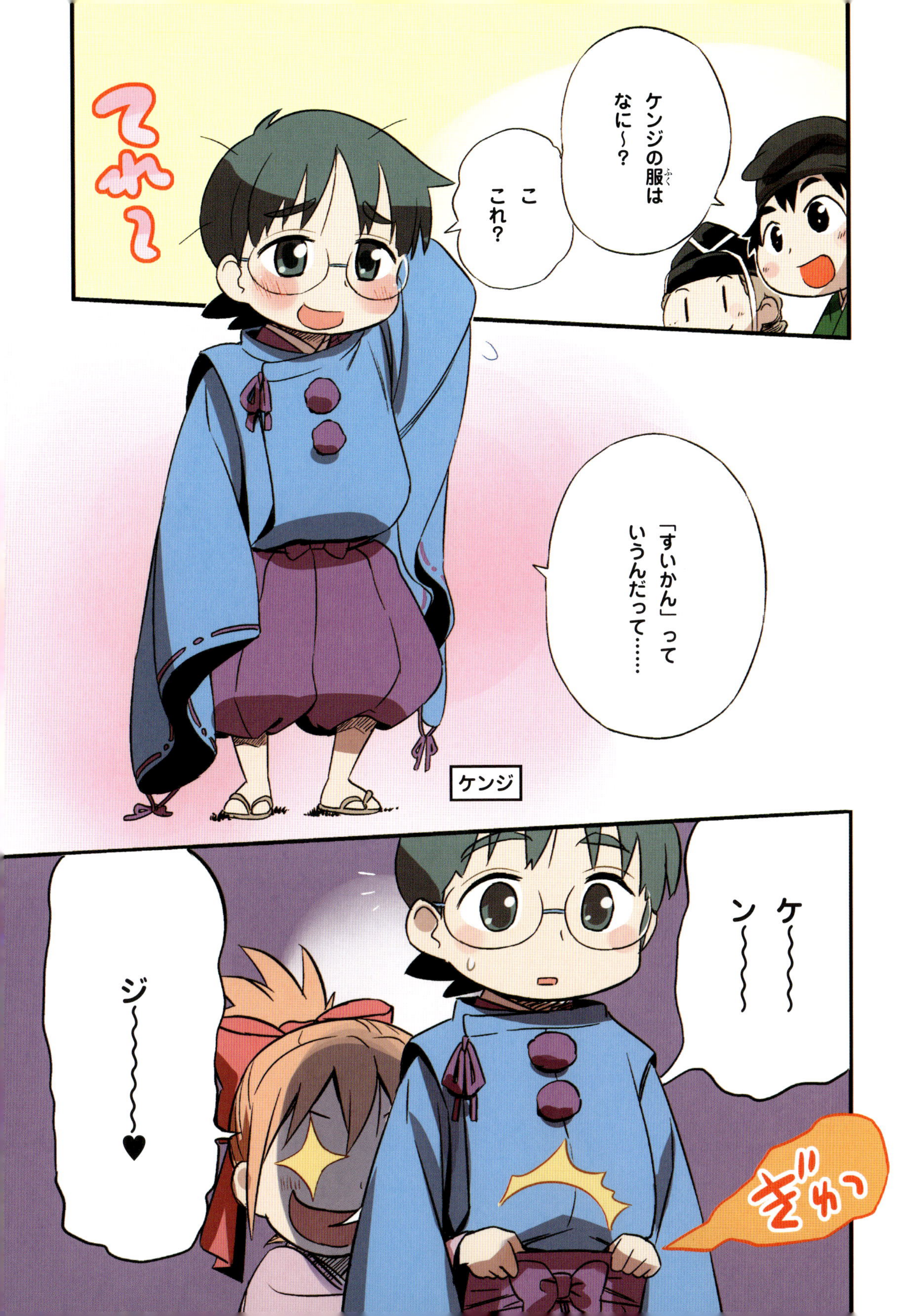

ケンジの服《ふく》はなに～？
こ これ？
てれっ
「すいかん」っていうんだって……
ケンジ
ケ～～～ン～～～
ジ～～～～～♥
ぎゅっ

ごようあらためでござるー♥
スッポ〜ン♥
んきゃー〜〜!!?
!?
エ……
エマッ!?
なにすんだよっ
見《み》て見《み》て新選組《しんせんぐみ》でござる〜!
ケラケラ
どこが新選組《しんせんぐみ》だよ!!
ガボ〜ン
エマ

じゃあ……でんちゅー（殿中《でんちゅう》＊）でござる～！
＊殿中《でんちゅう》＝江戸城《えどじょう》の内部《ないぶ》のこと
それは忠臣蔵《ちゅうしんぐら》！
っていうかそれ全部《ぜんぶ》江戸時代《えどじだい》のはなしだっ！
鎌倉時代《かまくらじだい》と江戸時代《えどじだい》ってちがうの？
あたりまえだろっ
どうちがうの？
ぎく
えっ……
ねえどうちがうの？
いいやそれは……
なにがちがうの？
だだからそれを勉強《べんきょう》しに……
そんなにちがうの？
ずいずいずいずい
ねえ～？ねえねえ
ねーねーねーねーねーねーねー
せっ先生《せんせい》～エマがボクをしつこくいじめますぅ～
はいはいいいからバスに乗《の》れ～

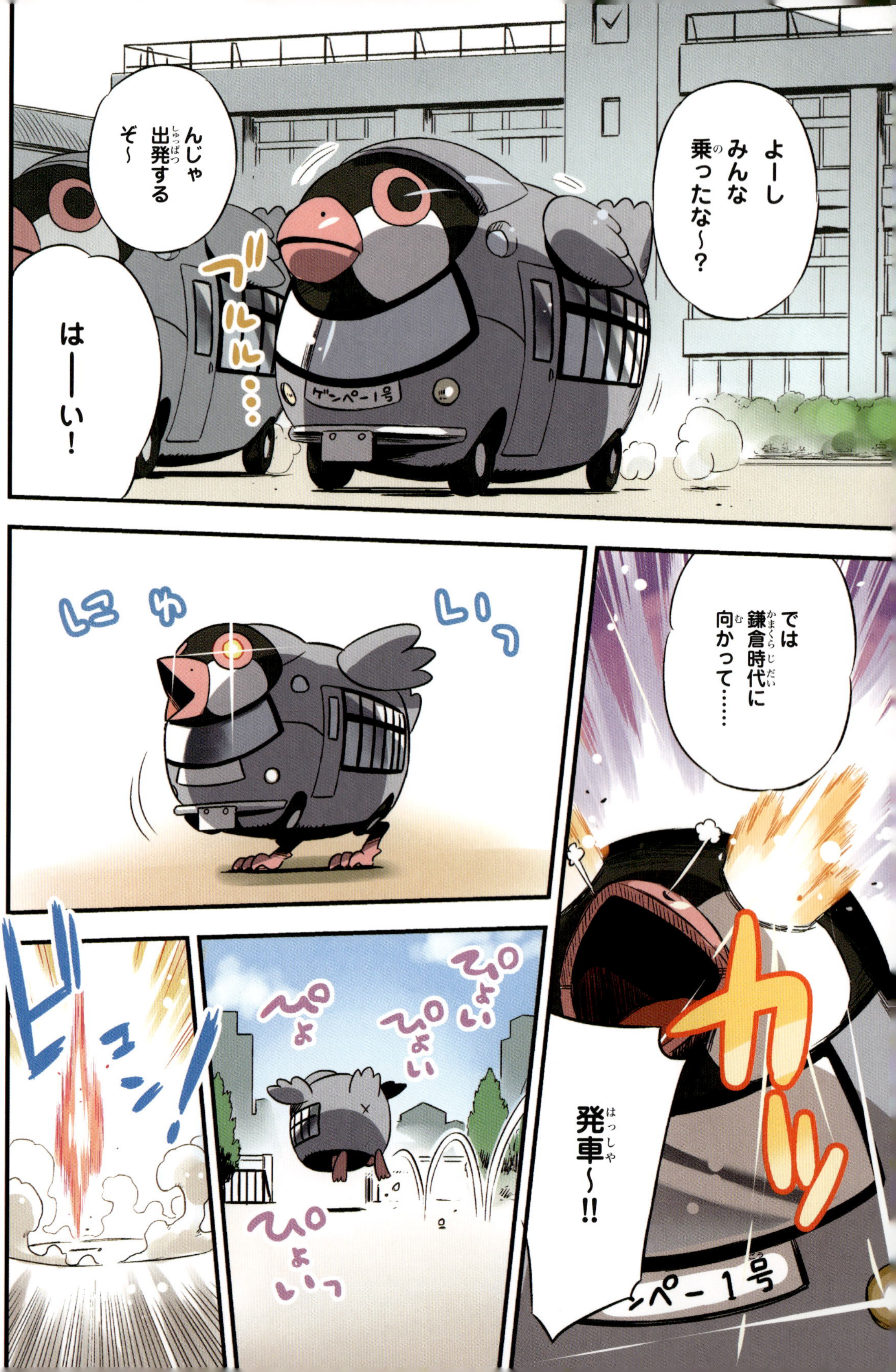
よーし
みんな
乗《の》ったな～？
ゲンペー1号
ブルル…
んじゃ
出発《しゅっぱつ》する
ぞ～
はーーい！
では
鎌倉時代《かまくらじだい》に
向《む》かって……
しゅ
しゅ
しゅっ
カッ
ンペー1号《ごう》
発車《はっしゃ》～!!
ぴょい
ぴょい
ぴょ
ぴょい
ぴょいっ
ビュン!

ゴ
オ
鎌倉《かまくら》時代《じだい》への遠足《えんそく》 楽《たの》しみだなぁ～♪
ワイ
ワイ
エマ ごはんが楽《たの》しみ～♥
エマは食《た》べ物《もの》のことばっかだな……
てか鎌倉《かまくら》時代《じだい》のごはんってどんななんだろ？
え～と……ハンバーグとか？
じゅるり…
そんなわけあるかい！
ほーい みんな注目《ちゅうもく》～
これから 先生《せんせい》が歴史《れきし》遠足《えんそく》の注意《ちゅうい》をはなすぞ～
パ
パン

――って
思《おも》ったけど
めんどう
くさいや♥
自分《じぶん》たちで
タブレットの
説明《せつめい》を
聞《き》いといて～♪
ブー
ブー
あいかわらず
テキトーだなぁ
先生《せんせい》は……
ボリ
ボリ
おーい
出《で》てこい
オッサ～ン
パ
オッサンと
呼《よ》ぶでないわ
――っ!!

＊OS《オーエス》＝コンピューターを動《うご》かすためのソフトウェア

それから……
うぷ……食《た》べすぎてきもちわる……
ぎもちわるい……
だめ出《で》る……
ああっ!?
それボクのおやつ～!?
わ～っ
ばっ バカここで吐《は》くなよ!!
わがはいのはなしを……
Pokki
!?
いいかん!!
タイムワープ中《ちゅう》に窓《まど》を開《あ》けては～

わっ!?
ギュン!!
!?
エ
エマ……!!
わぁあぁ

ああ……っ
どーすんのさケンジのばか～!!
エマのせいだろ～!!
む!
ババスが行《い》っちゃう……!
アレは
時空《じくう》の入《い》り口《ぐち》……!
ふたりとも気《き》をつけろ!
あそこに吸《す》い込《こ》まれるぞ!
わあああああっ

いてて……
ん？
ここ……
どこ？
エ
エマ！
！
はっ
しっかり！
起《お》きろ～
ムニャ～～
ザザッ
むにゃ～～
もう食《た》べられない
ヨ～～♥

どーーーん
えーと
だれ？
おまえこそ
だれだ！
あやしいヤツめ
名《な》を名《な》乗《の》れ！
ぎょっ
あ ボク
ケンジって
いいます
よろしく〜
なに!?
ゲ・ン・ジ
だと!?
源氏《げんじ》の
子《こ》どもかっ!?
へ？

ゾロ
ゾロ〜
源氏《げんじ》だと!?
源氏《げんじ》だ!
源氏《げんじ》がいたぞ!
わーっ
平氏《へいし》にたてつく源氏《げんじ》め〜!
ひっとらえろ——!!
ビクッ
!?
むくり
んあ〜?
ええ〜〜〜!?
逃《に》がすな! 追《お》え〜〜〜!!
待《ま》てーっ!
わああっ な なんで〜〜〜!?
……なに〜? 鬼《おに》ごっこ〜?

武《ぶ》士《し》ってなんだろう？

① 武《ぶ》士《し》の始《はじ》まり

今《いま》からおよそ1千年前《せんねんまえ》の平安時代《へいあんじだい》の中頃《なかごろ》、地方《ちほう》の豪族《ごうぞく》や有力《ゆうりょく》な農民《のうみん》が、自分《じぶん》の土地《とち》を守《まも》ったり、勢力《せいりょく》を広《ひろ》げたりするために、武力《ぶりょく》を持《も》つようになりました。また、都《みやこ》の朝廷《ちょうてい》に武力《ぶりょく》をもって仕《つか》える軍事貴族《ぐんじきぞく》も現《あらわ》れました。

地方《ちほう》と中央《ちゅうおう》のこのような人々《ひとびと》が交流《こうりゅう》していくうちに、軍事《ぐんじ》や警護《けいご》を専門《せんもん》とする、「武士《ぶし》」が生《う》まれたのです。

② 武《ぶ》士《し》の成長《せいちょう》

武士《ぶし》のなかには、けらいをまとめて「武士団《ぶしだん》」をつくり、戦《たたか》いによって勢力《せいりょく》を広《ひろ》げていく者《もの》たちも現《あらわ》れました。武士団《ぶしだん》はリーダーの「棟梁《とうりょう》」を頂点《ちょうてん》に、「一族《いちぞく》（家子《いえのこ》）」、その下《した》に一族《いちぞく》とは血縁関係《けつえんかんけい》のない「郎党《ろうとう》」や「下人《げにん》」と呼《よ》ばれる人々《ひとびと》などで構成《こうせい》されていました。

また、国《くに》の政治《せいじ》や貴族《きぞく》に対《たい》して不満《ふまん》を持《も》ち、反乱《はんらん》を起《お》こす者《もの》も出《で》てきました。なかでも有名《ゆうめい》な反乱《はんらん》が、935（承平《じょうへい》5）年《ねん》の一族《いちぞく》の争《あらそ》いから発展《はってん》した、関東《かんとう》で起《お》こった「平将門《たいらのまさかど》の乱《らん》」と、939（天慶《てんぎょう》2）年《ねん》の関西《かんさい》で起《お》こった「藤原純友《ふじわらのすみとも》の乱《らん》」です（2つの乱《らん》を合《あ》わせて「承平《じょうへい》・天慶《てんぎょう》の乱《らん》」といいます）。この2つの乱《らん》をしずめたのも、貴族《きぞく》ではなく武士《ぶし》だったため、武士《ぶし》の存在《そんざい》がさらに認《みと》められるようになりました。

もの知《し》りコラム

武士《ぶし》の時代《じだい》のきっかけをつくったふたりの反乱《はんらん》

「承平《じょうへい》・天慶《てんぎょう》の乱《らん》」

平将門《たいらのまさかど》と藤原純友《ふじわらのすみとも》がそれぞれ率《ひき》いる2つの武士団《ぶしだん》がほぼ同時期《どうじき》に起《お》こした反乱《はんらん》を「承平《じょうへい》・天慶《てんぎょう》の乱《らん》」と呼《よ》びます。

◆◆◆

平将門《たいらのまさかど》は、関東地方《かんとうちほう》の武士《ぶし》です。最初《さいしょ》は一族《いちぞく》の間《あいだ》で領地争《りょうちあらそ》いを続《つづ》けていたのですが、そのうち京《きょう》の朝廷側《ちょうていがわ》の権力《けんりょく》と戦《たたか》うようになります。そして自《みずか》らを「新皇《しんのう》」と名乗《なの》り、朝廷《ちょうてい》とは独立《どくりつ》した勢力《せいりょく》をつくろうとしました。

◆◆◆

藤原純友《ふじわらのすみとも》は、もともとは瀬戸内海《せとないかい》の海賊《かいぞく》を取《と》り締《し》まっていた武士《ぶし》でした。その後《ご》、純友自身《すみともじしん》が海賊《かいぞく》のリーダーとなり、海賊《かいぞく》を率《ひき》いて反乱《はんらん》を起《お》こしました。

われは新皇《しんのう》なるぞ!

平将門《たいらのまさかど》（?～940年《ねん》）
関東《かんとう》の独立《どくりつ》を宣言《せんげん》した武士《ぶし》。馬《うま》を使《つか》った戦《いくさ》にとても強《つよ》かったとされる
写真：茨城県坂東市

もの知《し》りコラム

生首《なまくび》が空《そら》を飛《と》んだ!?

将門《まさかど》の怨霊伝説《おんりょうでんせつ》

反乱《はんらん》が失敗《しっぱい》に終《お》わり戦死《せんし》した将門《まさかど》の首《くび》は京《きょう》に運《はこ》ばれ、見《み》せしめのため、さらされました。すると、その首《くび》は、胴体《どうたい》を求《もと》めて、関東地方《かんとうちほう》に向《む》けて飛《と》んでいき、かつての神田明神《かんだみょうじん》（東京都《とうきょうと》）があった場所《ばしょ》の近《ちか》くに落《お》ちてきたという「伝説《でんせつ》」があります。

「平将門一代図絵《たいらのまさかどいちだいずえ》」
船橋市西図書館蔵

ひえ～! こんな話《はなし》知《し》りたくなかった～!!

2章《しょう》

平氏《へいし》でなければ人間《にんげん》じゃない!?

追《お》え追《お》えー!!
ひいいい～
なんでこんな目《め》に～
ねーねーなんで逃《に》げてるの～?
いいから全力《ぜんりょく》で走《はし》って!

全力《ぜんりょく》!?
エマ 全力《ぜんりょく》だいすき～♥
うりゃーっ 全力《ぜんりょく》走《ばし》りー!!
ばびゅ～ん
はやっ!?
って おいてかないで～
あっ!?
いきどまりだー!!

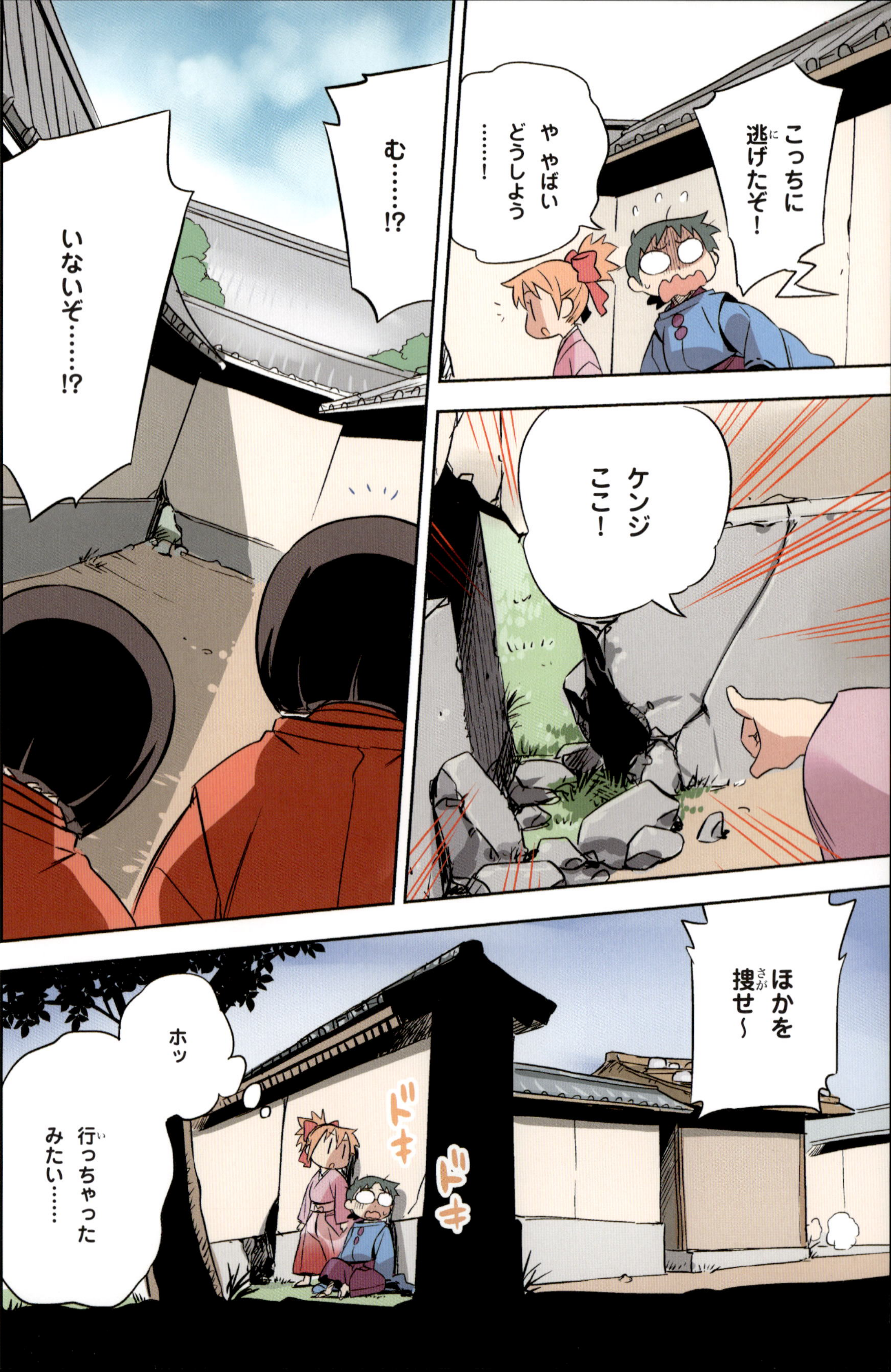
こっちに逃《に》げたぞ！
ややばい どうしよう……！
む……!?
いないぞ……!?
ケンジ ここ！
ほかを捜《さが》せ～
ドキ
ドキ
ホッ
行《い》っちゃったみたい……

で
どうなってんのさ コレ?
ていうか ここどこ?
オッサンに聞《き》こう……!
オッサン! おーい オッサーン!!
さっき落《お》ちた衝撃《しょうげき》で壊《こわ》れたみたい……
ハ〜〜〜イ♥
オッサンをお〜呼《よ》び〜かなぁ〜〜〜♪
なんか 性格《せいかく》が変《か》わってる〜!?
ここは1181年《ねん》の京都《きょうと》（京《きょう》）あたり〜
いわゆる平安時代《へいあんじだい》の終《お》わり頃《ごろ》的《てき》な〜?
平安時代《へいあんじだい》!?

た 大変《たいへん》だ！ みんなとちがう 時代《じだい》に 来《き》ちゃったんだ
バスに 戻《もど》れないの？
このオッサンに できないことは ……
まかせ て～ん♥
……
……
あっれ～？ なんか戻《もど》り方《かた》 ド忘《わす》れしちゃった♥
メ・ン・ゴ☆
お――――い!?
あれ……？ なんか急《きゅう》に 眠《ねむ》くなり……
ブツン
ちょっ!?
こら――!?
ダメだ 起動《きどう》できない よ～！
やっぱり 壊《こわ》れちゃった っぽいね……
バン
バン

ど……
どどどど
どーしよー!!
どうか
しましたか?
あなたたち
びくっ
ぎゃわーっ!?
あ
ごめんね
ドキ
ドキ
ドク
おどかす
つもりは
なかった
んだ
わたしは
平敦盛《たいらのあつもり》
ぴかーーっ
平敦盛《たいらのあつもり》
あなたたちは
迷子《まいご》さん
かな?
ま
迷子《まいご》といえば
そうかな……
「歴史《れきし》の」
だけど……
!!!
かっこいい
男《おとこ》の子《こ》~
♥♥

おかっぱの子《こ》どもたち？
ああ 禿《かぶろ》たちかぁ
もしかして あなたたち 源氏《げんじ》かい？
禿《かぶろ》たちは 源氏《げんじ》しか 追《お》わないいん だけど
げんじ？ いや ボク ケンジ……
あ！ ケンジの名前《なまえ》を ゲンジとまちがえ たんじゃない？
あ
なーんだ それでかぁ ……
とりあえず わたしのうちに いらっしゃい
今《いま》ちょうど 平氏《へいし》の 若《わか》い世代《せだい》が 集《あつ》まって 宴《うたげ》（パーティー）の 最中《さいちゅう》なのです
源氏《げんじ》で ないのなら どうぞどうぞ！
パーティー!?
行《い》くっ!!!

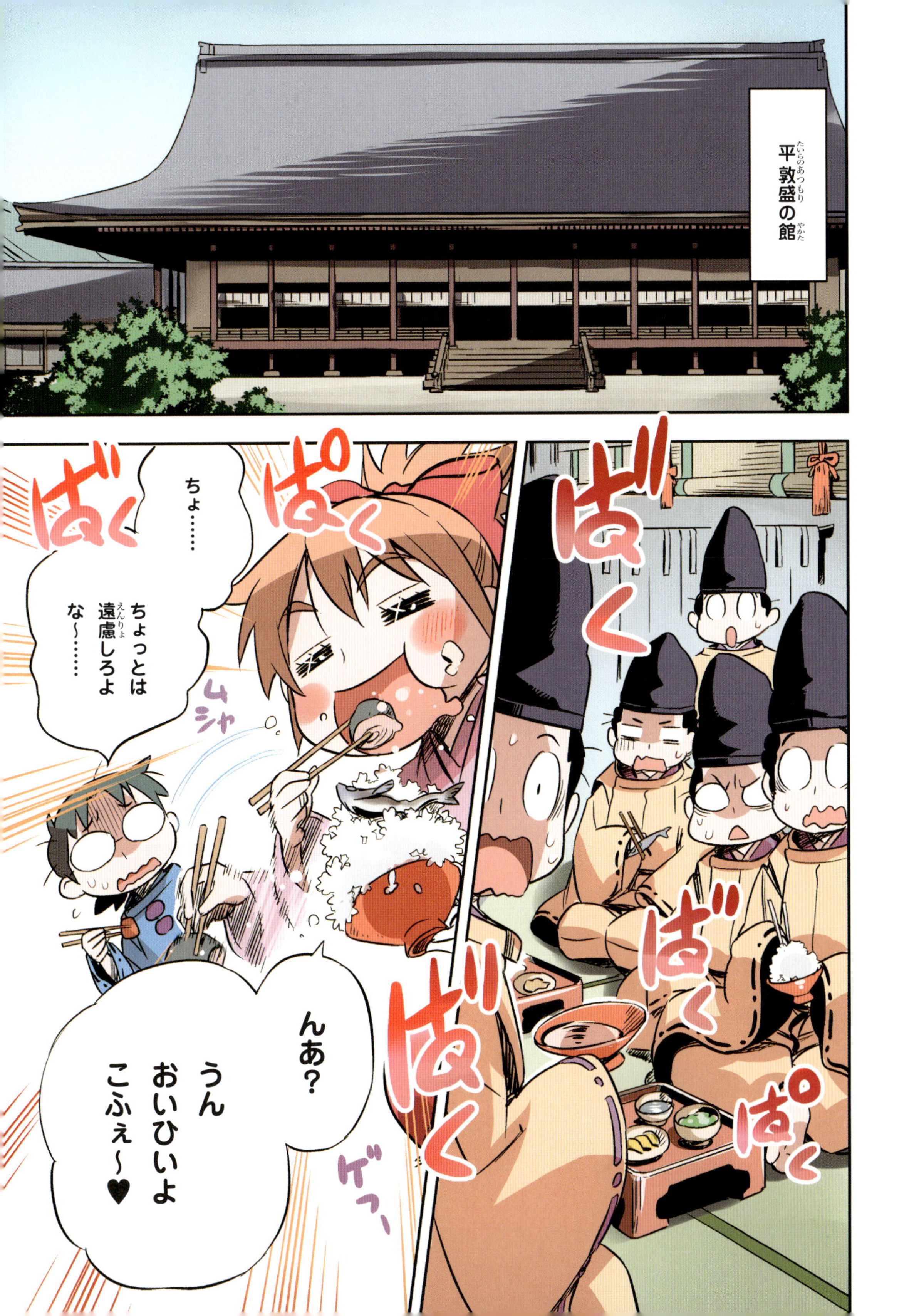
平敦盛《たいらのあつもり》の館《やかた》
ぱく
ぱく
ちょ……
ちょっとは遠慮《えんりょ》しろよな～……
ムシャ
ぱく
ばく
ぱく
ぱく
んあ？
うんおいひいよこふぇ～♥
ゲフッ

や〜みごとな食《た》べっぷりですね〜♪
すごいなぁ♥
で禿《かぶろ》のはなしですね
あの子《こ》らはわたしたち平氏《へいし》の悪口《わるくち》を言《い》う者《もの》を見張《みは》るのが役目《やくめ》でね
清盛《きよもり》おじさまがつくった秘密警察《ひみつけいさつ》さ
ムーーーン
キヨモリおじさん？
平氏一族《へいしいちぞく》の棟梁《とうりょう》（リーダー）で平氏《へいし》でいちばんえらくてこわ〜い人《ひと》さ
平氏以外《へいしいがい》の人《ひと》からの評判《ひょうばん》はあまりよくないかな……
このあいだお亡《な》くなりになったけどね
ゲンジっていうのは？
ボクの名前《なまえ》と似《に》てるけど……
源氏《げんじ》かい？
わたしたち平氏《へいし》と同《おな》じく武士《ぶし》の一族《いちぞく》だよ
源
平
源氏《げんじ》と平氏《へいし》はとにかく仲《なか》が悪《わる》くてねぇ……

どちらも武士《ぶし》の大勢力《だいせいりょく》なんだけど
清盛《きよもり》おじさまが源氏《げんじ》をやっつけて
平《へい》
氏《し》
win!
源氏《げんじ》
平氏《へいし》は貴族《きぞく》と同《おな》じくらい高《たか》い身分《みぶん》にのぼりつめたんだ
というわけでわたしたち平氏《へいし》は日本《にほん》でいちばんえらい一族《いちぞく》になったのさ
平家《へいけ》にあらずんば人《ひと》にあらず！
つまり 平氏《へいし》でなければ人間《にんげん》じゃないってわけです！
へえ強《つよ》いんだ！
じゃあ すもうで勝負《しょうぶ》しようよあっちゃん！
勝負《しょうぶ》大スキ〜♥
あ……あっちゃん？
こっコラ！
乱暴《らんぼう》な源氏《げんじ》とは違《ちが》うんだから
女《おんな》の子《こ》とすもうをとる気《き》にはなれないなあ
はっはっは

＊和歌《わか》＝日本古来《にほんこらい》の短《みじか》い文《ぶん》でつくった詩《し》

こ これは……？
ボェ〜〜♪
や、やるな…
いちおう歌《うた》です……
よ よくわからないけど…… 負《ま》けていられないぞ……っ
わたしは舞《まい》で勝負《しょうぶ》だー!!
舞《まい》？
ダンスも大好《だいす》き〜！
ドンスワッドドワン
うおぉ〜
ギュルルーンッ
ふふ……なかなかやりますね
では わたしと笛《ふえ》で勝負《しょうぶ》しましょう
笛《ふえ》ならケンジが得意《とくい》だよ！
ええ!? ボク!?
よ 横笛《よこぶえ》？ リコーダーしかやったことないよ〜
だいじょーぶ だいじょーぶ♥
※きらきらぼし
やりますね なかなかの音色《ねいろ》じゃないか♪
オオヘ！

くううっ
じゃ じゃあ
次《つぎ》は……
よし！
やっぱり
すもうにしよう！
うわあああああ〜〜〜
よわっ
やれやれ
……
それにしても……
平氏《へいし》のみんな
ヒョロヒョロで
お上品《じょうひん》に
育《そだ》った感《かん》じ……
ひゃ〜
わー
すご〜い
平氏《へいし》は武士《ぶし》だと
いっていたけれど
こんな弱《よわ》っちくて
だいじょうぶ
なのかなぁ……？
学校《がっこう》で習《なら》った
武士《ぶし》と
全然《ぜんぜん》ちがうん
だけど……
ぐ〜〜
が〜〜
……い
おーい……
おおーい
ぐ〜〜
ぐご〜
んが〜
う〜ん

おそろし～～～ッッ
ビクッ
ヒィ
わあっ!?
オ……オッサン!? お おどかすなよ～
よろこべ 遠足《えんそく》バスへ戻《もど》る方法《ほうほう》を思《おも》い出《だ》したゾ!
ドヤァー
えっ バスに戻《もど》れるの!?
やたっ
さっそく飛《と》ぶゾ つかまれ～い♪
ちょっ…… そ そんな急《きゅう》に……
エ エマ! エマ!
んにゃ～
……
ビュン!!
タ～～イム ワーープ!
わあああっ
……んん?
……あれ? エマ?
シュウウ…
ケンジィ～……?

源《げん》氏《じ》と平《へい》氏《し》ってなに？

① 源《げん》氏《じ》の先《せん》祖《ぞ》は天《てん》皇《のう》

源氏《げんじ》とは、皇族《こうぞく》の一員《いちいん》がその身分《みぶん》から離《はな》れて臣下《しんか》になる時《とき》に「源《みなもと》」という姓《せい》をもらった一族《いちぞく》です。このマンガに登場《とうじょう》している源氏《げんじ》は、平安時代前期《へいあんじだいぜんき》の清和天皇《せいわてんのう》の子孫《しそん》なので「清和源氏《せいわげんじ》」と呼《よ》ばれています。

清和源氏《せいわげんじ》は各地《かくち》に武士団《ぶしだん》をつくりあげましたが、なかでも河内源氏《かわちげんじ》と呼《よ》ばれた一族《いちぞく》は、鎌倉《かまくら》（神奈川県《かながわけん》）にゆかりのある源頼義《みなもとよりよし》・義家《よしいえ》の親子《おやこ》が、東北地方《とうほくちほう》で起《お》きていた2つの大《おお》きな戦乱《せんらん》、「前九年合戦《ぜんくねんかっせん》」と「後《ご》三年合戦《さんねんかっせん》」をしずめたことで、関東《かんとう》に大《おお》きな勢力《せいりょく》を持《も》つようになりました。

「義《よし》」とか「頼《より》」とか「家《いえ》」のつく人《ひと》が多《おお》すぎて
誰《だれ》が誰《だれ》だか
エマわかんなーい！

「清和源氏《せいわげんじ》」の系図《けいず》（略図《りゃくず》）

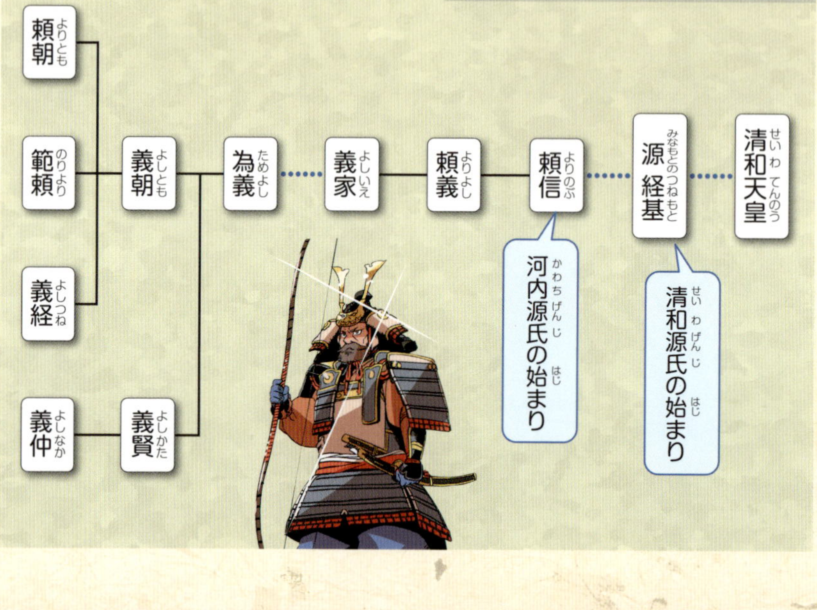
清和天皇《せいわてんのう》
源経基《みなもとのつねもと》
清和源氏《せいわげんじ》の始《はじ》まり
頼信《よりのぶ》
河内源氏《かわちげんじ》の始《はじ》まり
頼義《よりよし》
義家《よしいえ》
為義《ためよし》
義朝《よしとも》
義賢《よしかた》
頼朝《よりとも》
範頼《のりより》
義経《よしつね》
義仲《よしなか》

②平氏《へいし》の先祖《せんぞ》も天皇《てんのう》

平氏《へいし》も、皇族《こうぞく》の一員《いちいん》が臣下《しんか》になる時《とき》に姓《せい》をもらった一族《いちぞく》です。このマンガに登場《とうじょう》している平氏《へいし》は、都《みやこ》を平《へい》城京《じょうきょう》（奈良県《ならけん》）から長岡京《ながおかきょう》、さらには平安京《へいあんきょう》（ともに京都府《きょうとふ》）にうつした桓武天皇《かんむてんのう》の子孫《しそん》なので「桓武平《かんむへい》氏《し》」と呼《よ》ばれています。

桓武平氏《かんむへいし》には、東日本《ひがしにほん》の8つの地域《ちいき》で勢力《せいりょく》をふるった坂東八平氏《ばんどうはちへいし》や、西日本《にしにほん》を中心《ちゅうしん》に栄《さか》えた伊勢平氏《いせへいし》などの武士団《ぶしだん》があります。坂東八平氏《ばんどうはちへいし》では、平将門《たいらのまさかど》が有名《ゆうめい》です（→22、23ページ）。伊勢平氏《いせへいし》は、瀬戸内《せとない》海《かい》の海賊退治《かいぞくたいじ》などを通《とお》して、西日本《にしにほん》に勢力《せいりょく》を広《ひろ》げました。そして伊勢平氏《いせへいし》のなかから、武士《ぶし》を中心《ちゅうしん》とした政権《せいけん》をつくった平清盛《たいらのきよもり》が誕生《たんじょう》します。

源氏《げんじ》も平氏《へいし》も、天皇《てんのう》の子孫《しそん》であるという家柄《いえがら》のよさから、11、12世紀《せいき》にかけて有力《ゆうりょく》な武士団《ぶしだん》へと成長《せいちょう》し、やがて武士《ぶし》の2大勢力《だいせいりょく》になっていきます。

「桓武平氏《かんむへいし》」の系図《けいず》（略図《りゃくず》）

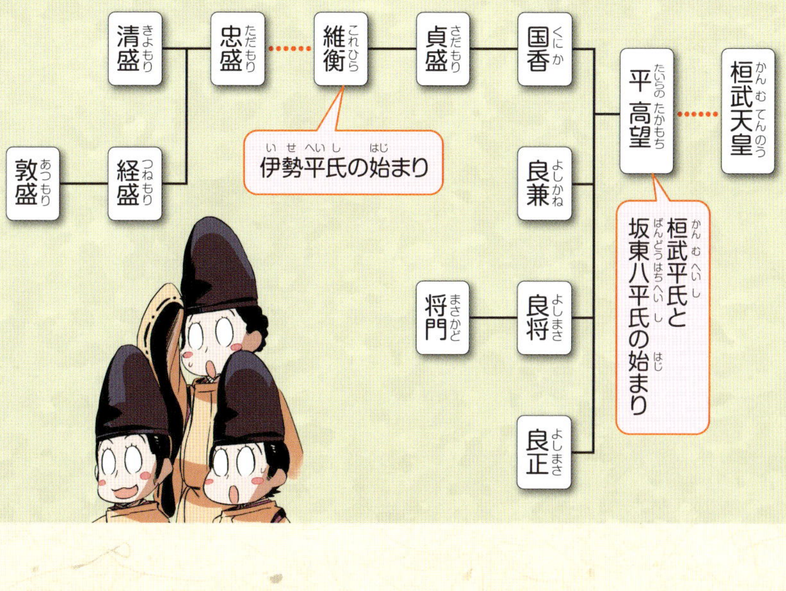
桓武天皇《かんむてんのう》
平高望《たいらのたかもち》
桓武平氏《かんむへいし》と坂東八平氏《ばんどうはちへいし》の始《はじ》まり
国香《くにか》
良兼《よしかね》
良将《よしまさ》
良正《よしまさ》
貞盛《さだもり》
将門《まさかど》
維衡《これひら》
伊勢平氏《いせへいし》の始《はじ》まり
忠盛《ただもり》
清盛《きよもり》
経盛《つねもり》
敦盛《あつもり》

3章《しょう》 京《きょう》に平氏《へいし》がいないぞ!?

いてて……
ん？ ここ…… どこ？
バスは？
パチ
フフフ…… 聞《き》いておどろけ！
ここはなんと……
ドヤァー！
1184年《ねん》の京《きょう》じゃああっ!!
3年未来《ねんみらい》に来《き》ただけじゃないかーっ!?
ていうかバスは!?
ねぇ バスは!? バ・スッッ!!
ごっめーん♪ 思《おも》い出《だ》したのバスへの戻《もど》り方《かた》じゃなかったみた～い♥
ソーリー ソーリー ヒゲそーりー♥
てへ～♥
コラーッ!!!
うっ 今《いま》のショーゲキで あ 頭《あたま》ががっ……
ブツッ
また～～!?

あー
どうしよう〜！
もう帰《かえ》れないかもしれない……！
ていうかここ京《きょう》のどこ？
なんか焼《や》けているけど火事《かじ》でもあったのかな……？
キラッ
……ん？
あ！
これ……
あっちゃんの笛《ふえ》だ……！
ええ!?
……よく見《み》たらここ……
さっきのあっちゃんのおうち!?

……なんか
町《まち》の雰囲気《ふんいき》が
超《ちょう》変《か》わってるん
だけど……
すべてが
荒《あ》れ果《は》てた
感《かん》じ……
ボロ…
禿《かぶろ》たちも
見《み》当《あ》たらないし……
たった3年《ねん》で
どうしちゃったん
だろ……？
おい
ガシャン

ドーーーン!
ギロッ
ぎょっ
!?
ひ……ひぃ!?
お……おおおおお……
武士《ぶし》だぁ～♥

ずいぶんよさげな笛《ふえ》を持《も》っておるなこわっぱ＊
ズィ
それに その貴族《きぞく》っぽい服《ふく》……
さては おぬし平氏《へいし》の残党《ざんとう》か!?
ひぃいいっ!?
＊こわっぱ＝子《こ》どもや若者《わかもの》をバカにして言《い》う言葉《ことば》
ち ちちち ちがひましゅっ
ボ ボク ケ・ン・ジ
わたしは エマだよ♥
なぁにぃ～～～?
なーんじゃ 源氏《げんじ》であったか!
ガッ ハッ ハ
なら よしっ♥
スパ――ン♪

い……
いたい……
なんじゃ！源氏《げんじ》の男子《おのこ》ともあろう者《もの》がそのようにひ弱《よわ》でどうする!?
よし　こっちゃ来《こ》い！特訓《とっくん》してやろう
ズルズル
ヒー
えっ特訓《とっくん》!?
エマもやる～♪

ちょ～～～～～～～～～ん

馬《うま》と弓《ゆみ》は武芸《ぶげい》の基本《きほん》！
ムリです
さぁ　馬《うま》を走《はし》らせあの的《まと》を射《い》てみい！
いーなーいーなーエマもやりたい～！
女子《おなご》には無理《むり》じゃい
平気《へいき》じゃ！
ボクにもムリです
ダダーッ
わーっ
そら行《い》け！
パーン
わーっムリだってええええっ
ドドド
今《いま》だっ矢《や》を放《はな》てい！
ブラーン
……ってええ～～～!?
おおっ!?

ふふふ…
おろ〜ん…
ウム…
……なんか
すまんかったの……
……どう？
ムリだったでしょう……？
つぎ
エマの番《ばん》〜!!
エマも
やる
エマもやる
エマもやる
エマもやる
エマもやる
だーっ
わかった
わかった
……！
パカーン！
おおー!?
おみごと
っ！

どんなもんだ～♥
ドヤァ～♥
ヤンヤ ヤンヤ
女子《おなご》なのにやりおる！
まるで巴御前《ともえごぜん》のようじゃ！
こわっぱとはえらいちがいじゃ～
ぐさっ
ともえごぜん？
わしらの大将《たいしょう》・源義仲《みなもとのよしなか》どのの恋人《こいびと》じゃよ
一騎当千《いっきとうせん》の超強《ちょうつよ》い女武者《おんなむしゃ》なんじゃ！
いっきとうせんってなに？
うわあ ああ ああ
ひとりでおおぜいの敵《てき》をやっつけられるほど強《つよ》いことじゃ
そんなに強《つよ》い
女武者《おんなむしゃ》って……
女《じょ》子《し》力《りょく》
おう噂《うわさ》をすれば大将《たいしょう》のお出《で》ましじゃ
びくっ

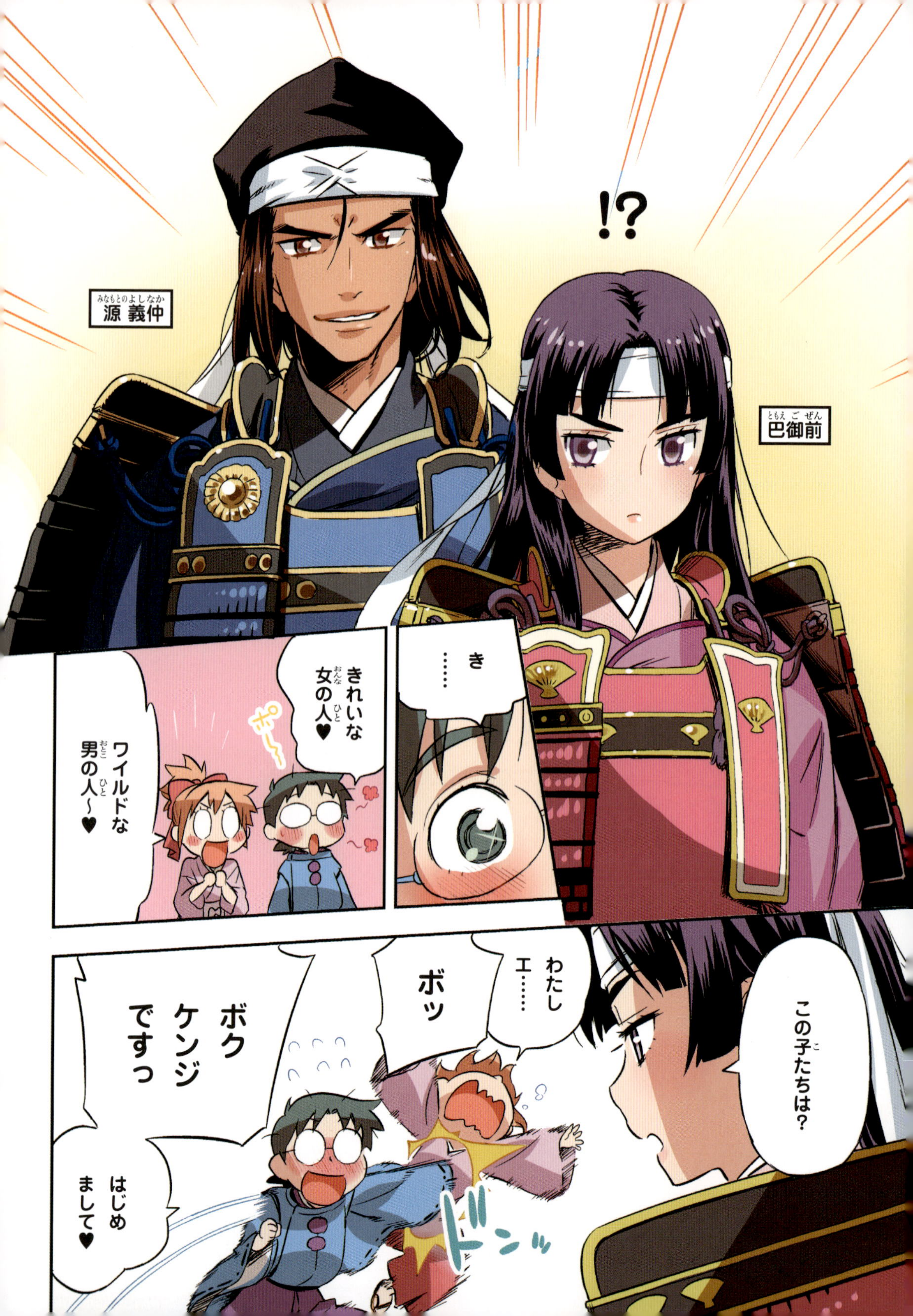
!?
源《みなもと》義仲《よしなか》
巴《ともえ》御《ご》前《ぜん》
き……
きれいな女《おんな》の人《ひと》♥
ポ～
ワイルドな男《おとこ》の人《ひと》～♥
この子《こ》たちは?
わたしエ……
ボッ
ボクケンジですっ
はじめまして♥
ドンッ

なに？ゲンジ？
源氏《げんじ》ともあろう者《もの》がそんな貴族《きぞく》みたいなかっこうをしているんじゃねえぜ！
なかなかかしこそうな少年《しょうねん》ですね
わたしは巴《ともえ》よろしく
ケ・ン・ジだそうですとの
はっはいっ♥
ぱぁあ～♥
おっなんだその笛《ふえ》は？平氏《へいし》からぶんどったのか？
へ？ぶんどった……？
ちがうよこれはあっちゃんが……
おーおーかまわんぞ
がはは
京《きょう》はもう俺《おれ》たちのものだ
つまり京《きょう》のものは全部《ぜんぶ》俺《おれ》たちのものってわけよ！

との 京《きょう》の民《たみ》から ものを奪《うば》っては なりませぬ
最近《さいきん》 源氏《げんじ》の兵《へい》たちの 乱暴《らんぼう》が過《す》ぎると 評判《ひょうばん》が悪《わる》く……
まぁ そう かたいことは 言《い》うなって 平氏《へいし》どもを やっつけた ごほうびだ
いばりくさって やがった平氏《へいし》を 京《きょう》からおっぱらって やったんだ 京《きょう》の民《たみ》も 多少《たしょう》のことには 目《め》をつぶるだろ
ま あまりに ひどいようなら 俺《おれ》がガツンと 言《い》うから……
へ 平氏《へいし》を おっぱらった ……?
おうよ!
俺《おれ》たちに 恐《おそ》れをなして 西《にし》へ逃《に》げやがった
そのうえ 自分《じぶん》らの館《やかた》に火《ひ》を放《はな》って いきやがった ひどいヤツらだ
平氏《へいし》は武士《ぶし》なのに 京《きょう》の貴族《きぞく》どものまねをして ただのお上品《じょうひん》な臆病者《おくびょうもの》に なり下《さ》がりやがった
みてろ 俺《おれ》さまは平氏《へいし》のような あやまちは おかさねぇ
ドン!
ここからはこの 源義仲《みなもとのよしなか》の天下《てんか》だ!
本物《ほんもの》の 武士《ぶし》の世《よ》を つくってやるぜ!!

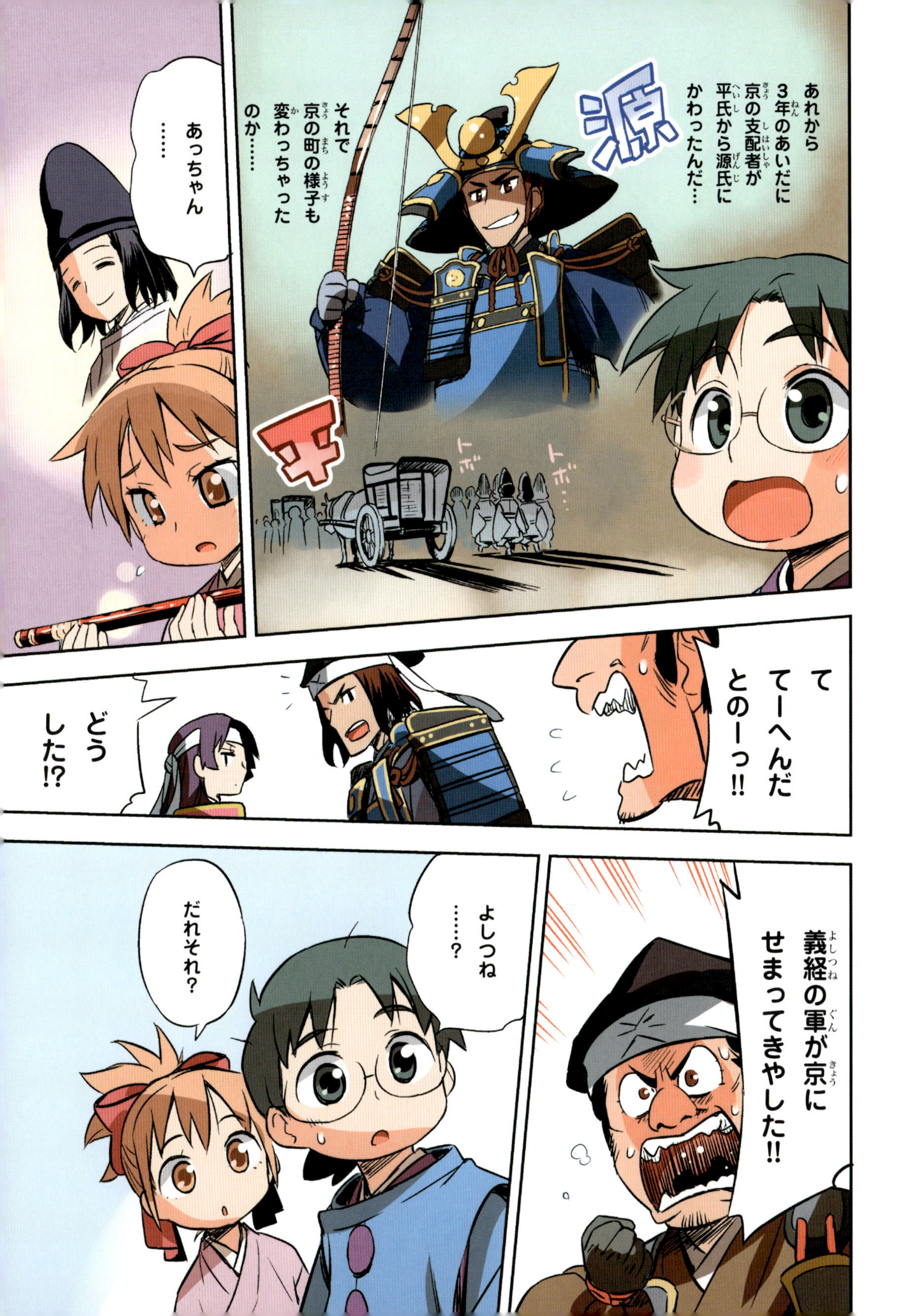
あれから3年《ねん》のあいだに京《きょう》の支配者《しはいしゃ》が平氏《へいし》から源氏《げんじ》にかわったんだ…
源
平
トボ
トボ…
それで京《きょう》の町《まち》の様子《ようす》も変《か》わっちゃったのか……
あっちゃん……
て てーへんだ とのーっ!!
どう した!?
義経《よしつね》の軍《ぐん》が京《きょう》にせまってきやした!!
よしつね……?
だれそれ?

平氏《へいし》が源氏《げんじ》を破《やぶ》り、天下《てんか》を取《と》るまで

①保元《ほうげん》の乱《らん》

1156（保元《ほうげん》1）年《ねん》の「保元《ほうげん》の乱《らん》」は、鳥羽《とば》上皇《じょうこう》*の死後《しご》、朝廷《ちょうてい》の実権《じっけん》をめぐり、崇徳上皇《すとくじょうこう》と弟《おとうと》の後白河天皇《ごしらかわてんのう》が争《あらそ》った戦《たたか》いです。この時《とき》、戦力《せんりょく》の中心《ちゅうしん》となったのが、源氏《げんじ》と平氏《へいし》でした。この戦《たたか》いでは、源氏《げんじ》も平氏《へいし》も一族《いちぞく》で敵味方《てきみかた》に分《わ》かれていました。

勝《か》ったのは、平清盛《たいらのきよもり》と源義朝《みなもとのよしとも》が味方《みかた》した後白河天皇《ごしらかわてんのう》側《がわ》でした。

*後継者《こうけいしゃ》に位《くらい》を譲《ゆず》ったあとの天皇《てんのう》を「上皇《じょうこう》」といい、出家《しゅっけ》して僧《そう》になった上皇《じょうこう》を「法皇《ほうおう》」という

②平治《へいじ》の乱《らん》

保元《ほうげん》の乱《らん》のあと、平清盛《たいらのきよもり》は上皇《じょうこう》となった後白河《ごしらかわ》やその側近《そっきん》たちと関係《かんけい》を深《ふか》め、朝廷《ちょうてい》でどんどん出世《しゅっせ》していきました。しかし、院《いん》の近臣《きんしん》・藤原信頼《ふじわらののぶより》が義朝《よしとも》の協力《きょうりょく》のもと、ライバルの信西《しんぜい》を殺《ころ》す反乱《はんらん》を起《お》こします。

この1159（平治《へいじ》1）年《ねん》の「平治《へいじ》の乱《らん》」では、源氏《げんじ》と平氏《へいし》が激突《げきとつ》し、清盛《きよもり》が義朝《よしとも》を破《やぶ》りました。

清盛《きよもり》はこのあと、次々《つぎつぎ》と昇進《しょうしん》していき、武士《ぶし》の頂点《ちょうてん》に立《た》ちます。

「平治物語絵巻《へいじものがたりえまき》」（部分《ぶぶん》）
「平治《へいじ》の乱《らん》」を描《えが》いた絵巻《えまき》。平清盛《たいらのきよもり》の元《もと》に逃《に》げようとする二条天皇《にじょうてんのう》たちが乗《の》る牛車《ぎっしゃ》の中《なか》を確《たし》かめている源氏《げんじ》の武士《ぶし》
国立国会図書館ＨＰから

「保元《ほうげん》の乱《らん》」の敵味方《てきみかた》

負《まけ》		勝《かち》
《兄《あに》》崇徳上皇《すとくじょうこう》［讃岐配流《さぬきはいる》］	VS 皇室《こうしつ》	《弟《おとうと》》後白河天皇《ごしらかわてんのう》
《叔父《おじ》》忠正《ただまさ》［斬首《ざんしゅ》］	VS 平氏《へいし》	《甥《おい》》清盛《きよもり》
《父《ちち》》為義《ためよし》［斬首《ざんしゅ》］ 《弟《おとうと》》為朝《ためとも》［伊豆大島配流《いずおおしまはいる》］	VS 源氏《げんじ》	《子《こ》・兄《あに》》義朝《よしとも》

「平治《へいじ》の乱《らん》」の敵味方《てきみかた》

負《まけ》		勝《かち》
信頼《のぶより》［斬首《ざんしゅ》］	院《いん》の近臣《きんしん》	通憲《みちのり》（信西《しんぜい》）［自殺《じさつ》］
源氏《げんじ》		平氏《へいし》
義朝《よしとも》［殺害《さつがい》］		清盛《きよもり》
義平《よしひら》［斬首《ざんしゅ》］		重盛《しげもり》
頼朝《よりとも》［伊豆配流《いずはいる》］		頼盛《よりもり》

天皇《てんのう》も 貴族《きぞく》も 武士《ぶし》も 親子《おやこ》や 兄弟《きょうだい》で戦《たたか》っていて なんだか複雑《ふくざつ》だなあ

平安時代末《へいあんじだいすえ》のキーパーソン 1

平清盛《たいらのきよもり》の最大《さいだい》のライバル

源《みなもとの》 義朝《よしとも》

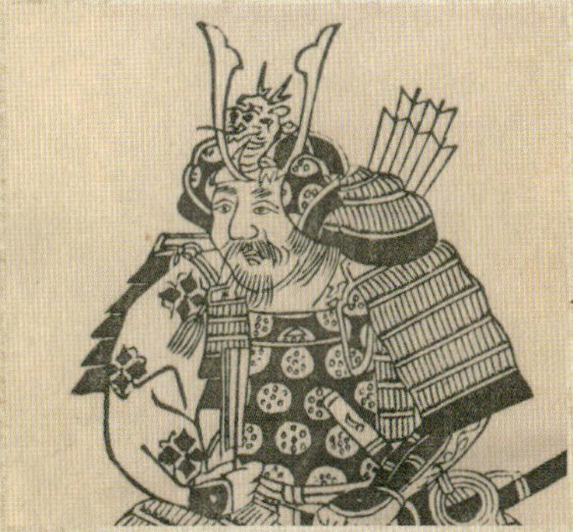

★生没年《せいぼつねん》 1123～1160年《ねん》

源《みなもとの》 頼朝《よりとも》・義経《よしつね》の父《ちち》で、源氏《げんじ》の棟梁《とうりょう》。平治《へいじ》の乱《らん》のあと、再起《さいき》をはかろうと関東地方《かんとうちほう》へ逃《のが》れる途中《とちゅう》、部下《ぶか》の裏切《うらぎ》りにあって殺害《さつがい》されてしまう。

「本朝百将伝」（部分） 国立国会図書館 HP から

平安時代末《へいあんじだいすえ》のキーパーソン 2

武士《ぶし》を利用《りよう》し、朝廷《ちょうてい》の力《ちから》を保《たも》とうとした

後白河上皇《ごしらかわじょうこう》（法皇《ほうおう》）

★生没年《せいぼつねん》 1127～1192年《ねん》

天皇《てんのう》を退位《たいい》したあとも上皇《じょうこう》、法皇《ほうおう》となり、朝廷《ちょうてい》の実権《じっけん》を握《にぎ》った。武士同士《ぶしどうし》の争《あらそ》いを利用《りよう》するなど、したたかだった。のちに源《みなもとの》 頼朝《よりとも》は「日本第一《にほんだいいち》の大天狗《だいてんぐ》」と呼《よ》んだという。

宮内庁蔵

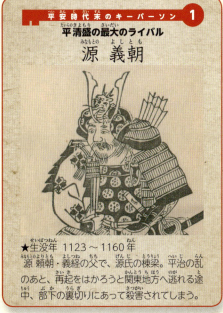

4章《しょう》 戦《いくさ》の天才《てんさい》・義経《よしつね》の登場《とうじょう》！

おお…… この兜《かぶと》……!
わがはい 超《ちょう》かっちょいい じゃ〜ん♥
よろしい! かっちょよく してくれた お礼《れい》にヒント あげちゃう♥
ヒ・ン・ト☆
えっ?
義経《よしつね》は源氏《げんじ》 なんじゃ あああっ♫
クイズに なってない じゃーんっ!!
ちっ 頼朝《よりとも》め 弟《おとうと》の義経《よしつね》を よこし やがったか
これから 平氏《へいし》どもを追《お》い とどめをさそうと いう時《とき》に……っ
平氏《へいし》のところへ 行《い》くの!?
エマも 行《い》くっ!
あっちゃんに 笛《ふえ》を返《かえ》すんだ 〜♥
平氏《へいし》は 後《あと》まわしよ 義経《よしつね》の軍《ぐん》を 先《さき》に討《う》たねば
あっちゃん ……?

あのう……
義仲《よしなか》さんも義経《よしつね》さんも
あとその頼朝《よりとも》さんって人《ひと》もみんな源氏《げんじ》なんですよね？
源氏《げんじ》どうしで戦《たたか》うんですか？
われら源氏《げんじ》は一族内《いちぞくない》で常《つね》に権力争《けんりょくあらそ》いをしておるのだ
わたしこそ源氏《げんじ》のトップにふさわしい
頼朝《よりとも》
兄《あに》
VS《バーサス》
いいや！俺《おれ》さまこそがトップだ！
弟《おとうと》
義仲《よしなか》
いとこ
兄上《あにうえ》のために戦《たたか》うぞっ
義経《よしつね》
残念《ざんねん》だが平氏《へいし》のようになかよし一族《いちぞく》ではないのだよ
一族《いちぞく》の……そして日本《にほん》の頂点《ちょうてん》に立《た》つのはただひとり！
この源義仲《みなもとのよしなか》よっ!!
頼朝《よりとも》 義経《よしつね》がまとめてかかってこようがけちらしてくれるわ!!

ものども戦《いくさ》の用意《ようい》だっ!!
宇治川《うじがわ》＊で決戦《けっせん》ぞ！
オォ
そなたたちは京《きょう》に残《のこ》れ
戦《いくさ》に巻《ま》き込《こ》まれてしまうかもしれぬ
な……なんか大変《たいへん》なことになっちゃった……
ガヤ
ガヤ
馬《うま》をひけっ
先《さき》に陣《じん》をはり待《ま》ちぶせじゃ！
橋《はし》を落《お》としてやれ！
これ……どっちが勝《か》つんだろう……？
巴《ともえ》さんだいじょうぶかな……
あ！オッサンなら知《し》ってるんじゃない？
そっか！
ナイスエマ！
オッサン！おーいオッサ〜ン！

＊宇治川《うじがわ》＝滋賀県《しがけん》から京都府《きょうとふ》まで流《なが》れる川《かわ》

源義仲《みなもとのよしなか》と
源義経《みなもとのよしつね》について
知《し》りたい？
まっかせて
ちょーらい♥
義仲《よしなか》は
頼朝《よりとも》・義経《よしつね》兄弟《きょうだい》のいとこで
すごーく強《つよ》い武将《ぶしょう》なのねん
京《きょう》に一番《いちばん》乗《の》りした源氏《げんじ》で
平氏《へいし》を京《きょう》から
追《お》い出《だ》した
ことで有名《ゆうめい》よ～ん
朝日将軍
その強《つよ》さと勢《いきお》いが
日《ひ》の出《で》のようだと
「朝日《あさひ》（旭《あさひ》）将軍《しょうぐん》」と
呼《よ》ばれたほど
な～のねん
うわ～
すごく
強《つよ》いんだ！
じゃあ
巴《ともえ》さん
だいじょうぶだね
ホッ
そして 義経《よしつね》は
昔《むかし》ばなしの
『牛若丸《うしわかまる》』で有名《ゆうめい》な人《ひと》
なんだよ～ん
牛《うし》なの？
その人《ひと》
モ～
いや
いや…！
牛若丸《うしわかまる》は
義経《よしつね》の
子《こ》どもの時《とき》の
名前《なまえ》なのねん
赤《あか》ちゃんの時《とき》
父《ちち》を平氏《へいし》に
殺《ころ》された牛若丸《うしわかまる》は
京《きょう》の山寺《やまでら》で育《そだ》ち
天狗《てんぐ》に武芸《ぶげい》を
教《おそ》わったそうよ～ん
天狗《てんぐ》!?

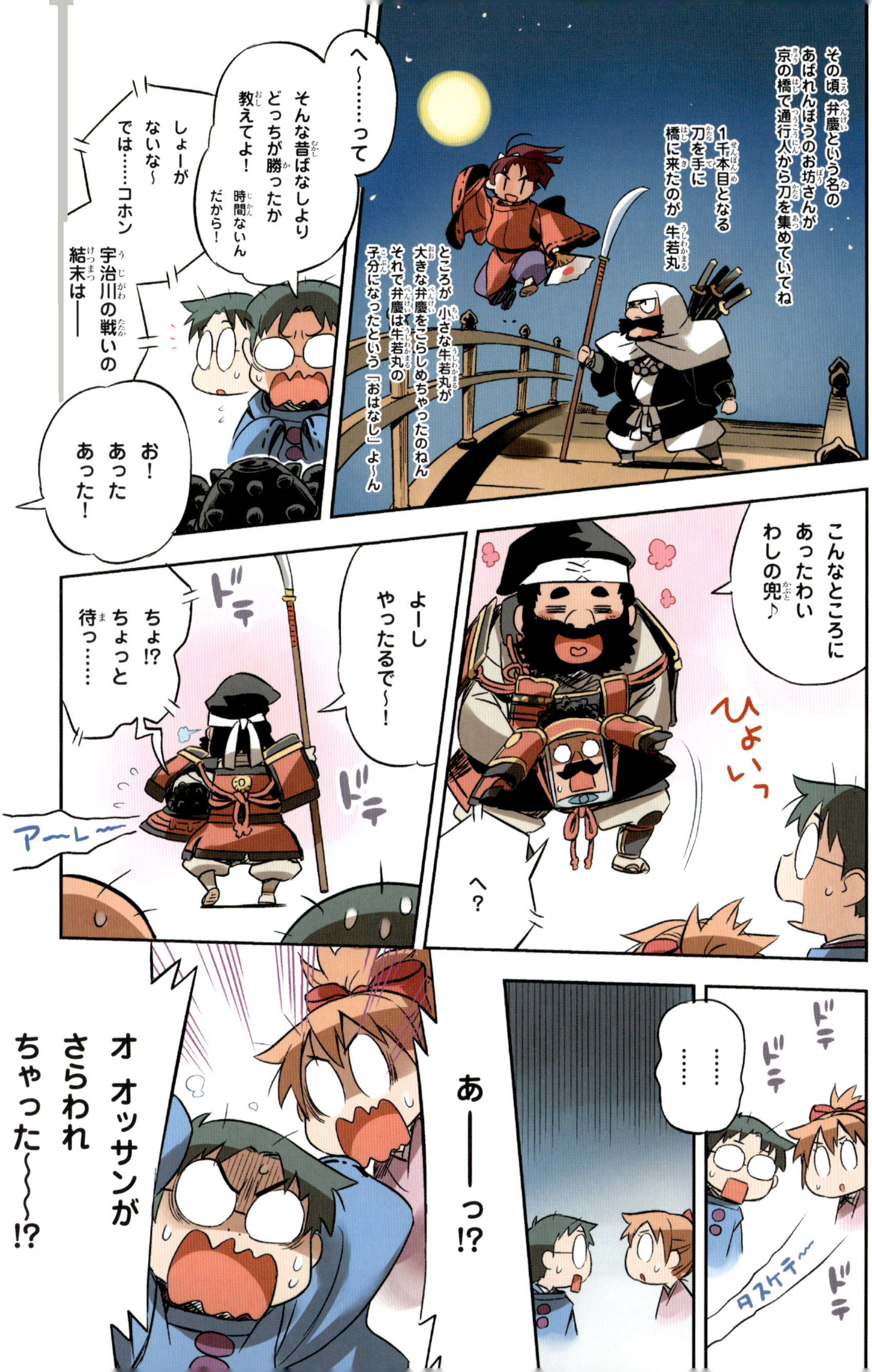
その頃《ころ》 弁慶《べんけい》という名《な》の あばれんぼうのお坊《ぼう》さんが 京《きょう》の橋《はし》で通行人《つうこうにん》から刀《かたな》を集《あつ》めていてね
1千本目《せんぼんめ》となる 刀《かたな》を手《て》に 橋《はし》に来《き》たのが 牛若丸《うしわかまる》
ところが 小《ちい》さな牛若丸《うしわかまる》が 大《おお》きな弁慶《べんけい》をこらしめちゃったのねん それで弁慶《べんけい》は牛若丸《うしわかまる》の 子分《こぶん》になったという「おはなし」よ～ん
へ～……って
そんな昔《むかし》ばなしより どっちが勝《か》ったか 教《おし》えてよ!
時間《じかん》ないんだから!
しょーが ないな～ では……コホン
宇治川《うじがわ》の戦《たたか》いの 結末《けつまつ》は――
お! あった あった!
こんなところに あったわい わしの兜《かぶと》♪
ひょいっ
へ?
よーし やったるで～!
ドテ
ドテ
ちょ!? ちょっと 待《ま》っ……
アーレ～
ドテ
ドテ
…… ……
タスケテ～
ドテ
あ――っ!?
オオッサンが さらわれ ちゃった～～!?

宇治川《うじがわ》
橋《はし》の板《いた》がはずされている!
これでは橋《はし》を渡《わた》れぬ……っ
義仲軍《よしなかぐん》
おのれ義仲《よしなか》めこしゃくな!
義経軍《よしつねぐん》
かまわん!川《かわ》をつっきれ!
ワァーッ
突撃《とつげき》い〜〜〜っ!!!

なんと　義経《よしつね》……
川《かわ》を渡《わた》ってくるとは！
オオーーッ
迎《むか》えうてぇ～い!!!!
ドドドーーッ
オー
ワー
ワー
ウオー
ワー
ワー

その頃《ころ》
京《きょう》のふたりは――
はい?
うちがわ?
なんの内側《うちがわ》ですかいのぅ~?
うちがわ
じゃなくて
う・じ・が・わっ!!
ハァ
フゥ
宇治川《うじがわ》が
どこか
教《おし》えてっ!!
へーへー
うちは今年《ことし》
90歳《さい》どす
~~~
フォフォフォフォ
すご~い
とりあえず走《はし》ろう!
オッサン
待《ま》っててね~♪
はぁ ひぃ ふぅ ぜぇ
ちょ…
ちょっと
休《やす》もう
よ……
やだ~
エマ まだ
走《はし》れるもん♥
ゴー
ゴー!♥
?
ヒィィィ
オッサンじゃ
ないけど
ボクも
壊《こわ》れそうだ……
!
ぴく
~~~

川《かわ》の音《おと》と
においがする
……！
えっ!?
こっちだ
行《い》こう！
くん
くん
ケモノみたいな
耳《みみ》と鼻《はな》だなぁ……
ヒハーゼー
!!
し
……ん
戦《いくさ》……
終《お》わっちゃってる……？
みんな どこ
行《い》ったんだろ
……？
とにかく
オッサンを
捜《さが》そう！
オッサーン！
おーい
オッサ
～ン！
……あっ！

ペカーーー♥
あったあ!
オッサン発見《はっけん》～♥
どう? 生《い》きてる?
もともと壊《こわ》れちゃってたけど
んー たぶん生《い》きてはいる
ジャリ
なんだおまえたち!
びく
!?
あやしいやつ……!
あ あやしくなんかないよ……!
ね ケンジ!
う……うんっ
治郎《じろう》
じろ
じろ
ゲンジ? なんだ 源氏《げんじ》か
強者《つわもの》ぞろいの義仲軍《よしなかぐん》の者《もの》にしてはずいぶんと弱《よわ》そうだな……
い いや義仲軍《よしなかぐん》の者《もの》ってわけじゃ……

ええ？
ガーン
義仲《よしなか》さんたち負《ま》けちゃったの？
あんなに強《つよ》い人《ひと》たちが負《ま》けて逃《に》げ出《だ》したなんて
巴《ともえ》さん……
ふふん 義仲《よしなか》はたしかに強《つよ》いが義経《よしつね》さまの強《つよ》さにはまったく及《およ》ばないさ！
わたしは治郎《じろう》！ 義経《よしつね》さまが平泉《ひらいずみ》にいらっしゃった頃《ころ》からのけらいだ！
ひらいずみ？
えっ
奥州平泉《おうしゅうひらいずみ》を知《し》らない!? 黄金《おうごん》の都《みやこ》といわれている豊《ゆた》かな場所《ばしょ》だぞ！
義経《よしつね》さまは若《わか》い頃《ころ》平氏《へいし》が支配《しはい》する京《きょう》からのがれ奥州《おうしゅう》＊を支配《しはい》する藤原氏《ふじわらし》のもとに身《み》をよせて平氏《へいし》を討《う》つ機会《きかい》をうかがっていたのだ！
そして兄《あに》である頼朝《よりとも》さまが平氏《へいし》を討《う》つために兵《へい》をあげた時《とき》かけつけたんだ！
とにかく超強《ちょうつよ》くてかっこいいんだぜ～～♥♥
うっとり～♥

＊奥州《おうしゅう》＝福島《ふくしま》・宮城《みやぎ》・岩手《いわて》・青森《あおもり》と、秋田《あきた》の一部《いちぶ》

これまでは義仲《よしなか》に先《さき》をこされてたけれど
最後《さいご》に平氏《へいし》をやっつけて武士《ぶし》の社会《しゃかい》をつくるのは頼朝《よりとも》さま・義経《よしつね》さま兄弟《きょうだい》さ!!
へー本当《ほんとう》の牛若丸《うしわかまる》はそんな人生《じんせい》なんだ
!!
義経《よしつね》さまの子《こ》どもの頃《ころ》の名《な》を知《し》っている!?
さてはおぬしも義経《よしつね》さまが大好《だいす》きなんだな!?
へ?
なんだそれならそうと言《い》えよ同志《どうし》よ~♥
ど同志《どうし》……?
よし兄弟《きょうだい》の契《ちぎ》りを結《むす》ぼう!
今日《きょう》からわたしたちは義兄弟《ぎきょうだい》だ!
え……ええ~!?
なにをしておる?治郎《じろう》

義経《よしつね》さまっ!!
はいっ 彼《かれ》らを新《あたら》しくけらいに加《くわ》えてもいいでしょうか?
え……
ええ〜!?
ちょっ…… いいや ボクらは……
その者《もの》たちは? 友人《ゆうじん》か?
ふむ よかろう
これから平氏《へいし》を討ちに西《にし》へ行《い》かねばならん
仲間《なかま》はひとりでも多《おお》いほうがよい
源 義経《みなもとのよしつね》
えっ 平氏《へいし》!?
あっちゃんに会《あ》えるかも……!

平清盛《たいらのきよもり》の時代《じだい》とは？

① 貴族社会《きぞくしゃかい》での地位《ちい》を高《たか》める

平治《へいじ》の乱《らん》（↓54ページ）で源氏《げんじ》を倒《たお》し、武士《ぶし》の頂点《ちょうてん》に立《た》った平清盛《たいらのきよもり》は後白河上皇《ごしらかわじょうこう》の信頼《しんらい》を得《え》て、太政大臣《だいじょうだいじん》という位《くらい》につきます。太政大臣《だいじょうだいじん》は、天皇《てんのう》の家系《かけい》の者《もの》がつく最高《さいこう》の位《くらい》なので、武士《ぶし》である清盛《きよもり》が太政大臣《だいじょうだいじん》になるのは異例中《いれいちゅう》の異例《いれい》でした。また、娘《むすめ》の徳子《とくこ》を高《たか》倉天皇《くらてんのう》（後白河《ごしらかわ》の子《こ》）のきさきにして、徳子《とくこ》が男《おとこ》の子《こ》（後《のち》の安徳天皇《あんとくてんのう》）を産《う》むと、清盛《きよもり》は次《つぎ》の天皇候補《てんのうこうほ》の祖《そ》父《ふ》として、貴族社会《きぞくしゃかい》でますます力《ちから》を持《も》つようになりました。これは平安時代《へいあんじだい》に藤原氏《ふじわらし》が権力《けんりょく》をにぎったのと同《おな》じ方法《ほうほう》でした。

天皇《てんのう》のおじいさんになるとは清盛《きよもり》も大出世《だいしゅっせ》したものだな！

② 武士《ぶし》による政治《せいじ》の始《はじ》まり

貴族社会《きぞくしゃかい》で地位《ちい》を高《たか》めた清盛《きよもり》は大《おお》きな権力《けんりょく》を持《も》つようになり、ついに朝廷《ちょうてい》の政権《せいけん》をにぎりました。清盛《きよもり》の政治《せいじ》の新《あたら》しいところは、宋《そう》（中国《ちゅうごく》）など、外国《がいこく》と積《せっ》極的《きょくてき》に貿易《ぼうえき》を行《おこな》おうとした点《てん》です。清盛《きよもり》は、瀬戸内《せとない》海《かい》の航海《こうかい》の安全《あんぜん》をはかったり、今《いま》の兵庫県《ひょうごけん》に大《おお》きな港《みなと》を修築《しゅうちく》するなどして、都《みやこ》の近《ちか》くまで宋船《そうせん》を引《ひ》き入《い》れました。そして、大量《たいりょう》に宋《そう》の銭《ぜに》を輸入《ゆにゅう》し、日本《にほん》に貨幣《かへい》経済《けいざい》を定着《ていちゃく》させようとしました。

また、多《おお》くの荘園《しょうえん》や全国《ぜんこく》の半数《はんすう》におよぶ国《くに》を支配《しはい》し、大《おお》きな経済力《けいざいりょく》をつけました。

平家《へいけ》にあらずんば人《ひと》にあらず～！

音戸《おんど》の瀬戸公園《せとこうえん》（広島県《ひろしまけん》）にある平清盛《たいらのきよもり》「日招《ひまね》き像《ぞう》」
写真：朝日新聞社

もの知《し》りコラム

清盛《きよもり》は戦《たたか》うだけでなく商売《しょうばい》も上手《じょうず》
宋《そう》との貿易《ぼうえき》で、平氏《へいし》はお金持《かねも》ちに！

清盛《きよもり》の権力《けんりょく》を支《ささ》えた経済力《けいざいりょく》の源《みなもと》は、宋《そう》との貿易《ぼうえき》（日宋貿易《にっそうぼうえき》）です。

◆◆◆

瀬戸内海《せとないかい》を中心《ちゅうしん》に、日宋貿易《にっそうぼうえき》を始《はじ》めたのは清盛《きよもり》の父《ちち》・平忠盛《たいらのただもり》です。初《はじ》めは勝手《かって》な振《ふ》る舞《ま》いだと批判《ひはん》されましたが、忠盛《ただもり》も、その跡《あと》を継《つ》いだ清盛《きよもり》も、強引《ごういん》に貿易《ぼうえき》を続《つづ》けました。やがて日宋貿易《にっそうぼうえき》を独占《どくせん》した平氏《へいし》は、ばく大《だい》な富《とみ》を手《て》に入《い》れました。

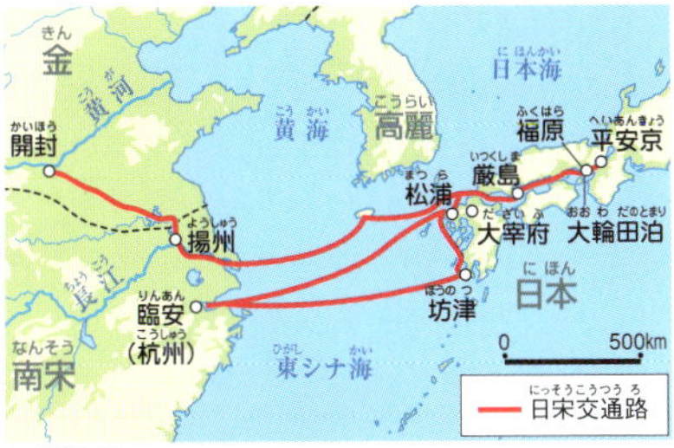

日宋貿易《にっそうぼうえき》のルート

宋船《そうせん》の模型《もけい》
福岡市博物館蔵　画像提供：福岡市博物館／DNPartcom

③ 頂点《ちょうてん》を極《きわ》めたあとは、嫌《きら》われるように

武士《ぶし》としても貴族社会《きぞくしゃかい》でも、最高《さいこう》の地位《ちい》についた清盛《きよもり》でしたが、平氏《へいし》や平氏《へいし》に味方《みかた》をする者《もの》だけに地位《ちい》や富《とみ》を独占《どくせん》させたため、清盛《きよもり》に反感《はんかん》を持《も》つ者《もの》が増《ふ》えていきました。

そんな時《とき》、ライバルの源氏《げんじ》が兵《へい》を挙《あ》げます。しかし貴族《きぞく》のような生活《せいかつ》をしていた平氏《へいし》は、源氏《げんじ》と戦《たたか》う力《ちから》を失《うしな》っていました。この戦《たたか》いのなか、清盛《きよもり》も突然病《とつぜんやまい》に倒《たお》れ、64歳《さい》で亡《な》くなってしまいました。

清盛《きよもり》の死《し》によって、平氏《へいし》の没落《ぼつらく》が始《はじ》まったのです。

5章《しょう》

義経《よしつね》、オドロキの大作戦《だいさくせん》！

ドーーン
!?
びくぅっ
ぬ゛へ～～ん
うわぁ…でっかいオッサン……!
べ……べべべ弁慶《べんけい》だぁ……っ!!
弁慶《べんけい》じゃがナニか？
ずいっ
おぬし 変《か》わった盾《たて》を持《も》っておるな
盾《たて》? これ 盾《たて》じゃないよ?
なに? では 剣《けん》か? それとも 斧《おの》?
わしは昔《むかし》 999本《ほん》の刀《かたな》を集《あつ》めたことがあったが
このようなものは初《はじ》めてじゃ
ちょいとさわらせてくれい

どうやって使《つか》うんじゃ？
ブーーン
こうか？
ヒヒ～～ン!?
ドガッ
わあああああっ!?
オオッサーン!!
おっさんというのか？変《か》わった名前《なまえ》の武器《ぶき》じゃのう　というかあまり使《つか》えんのう……それ
がっかり…
弁慶《べんけい》どの！ケンジ！エマ！出発《しゅっぱつ》するぞ～
いざ一《いち》の谷《たに》へ出発《しゅっぱつ》!!
頼朝《よりとも》さまのことを知《し》りたい？
おまえ源氏《げんじ》のくせになんにも知《し》らないんだな
いや　だからゲンジじゃなくケンジだし……

25年前《ねんまえ》 源氏《げんじ》は平氏《へいし》に敗《やぶ》れたんだ
翌年《よくねん》 頼朝《よりとも》さまの父上《ちちうえ》・義朝《よしとも》さまは殺《ころ》され
当時《とうじ》14歳《さい》の頼朝《よりとも》さまは京《きょう》から遠《とお》い伊豆《いず》に流《なが》された
京《きょう》
伊豆《いず》
この後《あと》 頼朝《よりとも》さまはじっくりと力《ちから》をたくわえ平氏《へいし》に反撃《はんげき》する時《とき》を待《ま》ったんだ
（その間《かん》に北条政子《ほうじょうまさこ》さまと結婚《けっこん》したぞ！）
今《いま》にみてろ平氏《へいし》ども…！
そして4年前《ねんまえ》 ついに平氏《へいし》と戦《たたか》う時《とき》が来《き》たのさ！
富士川《ふじがわ》の戦《たたか》いでは 臆病《おくびょう》な平氏《へいし》が水鳥《みずどり》の羽《は》ばたきの音《おと》を源氏《げんじ》の攻撃《こうげき》と勘《かん》ちがいして逃《に》げ出《だ》したんだぜ！
バサザザッ
ヒイイ～!?
兄上《あにうえ》～！
弟《おとうと》よ～！
がっし～♥
でもってその直後《ちょくご》に義経《よしつね》さまが頼朝《よりとも》さまの軍《ぐん》にかけつけた
感動《かんどう》の兄弟《きょうだい》の対面《たいめん》だったなあ……
今《いま》 頼朝《よりとも》さまは鎌倉《かまくら》を本拠《ほんきょ》に武士《ぶし》による政権《せいけん》と社会《しゃかい》をつくろうとしているのだ
鎌倉《かまくら》!?
鎌倉時代《かまくらじだい》に近《ちか》づいてきた感《かん》じがするぞ……！
鎌倉時代《かまくらじだい》？ なんだよ それ？
？
あっ い いやいや！ なんでもないよ～

一の谷《いちのたに》
あれを見《み》ろ 平氏《へいし》の陣《じん》だ
陣《じん》ってなに？
えーと 基地《きち》…… みたいな ものかな
平氏軍《へいしぐん》が あそこで わたしたち 源氏軍《げんじぐん》を 待《ま》ちぶせしている のさ
じゃあ あそこに あっちゃんが いるんだ！ 行《い》こう！
ババカ！ 見《み》つかったら ヤバいって！
ザッ
なんでー？ あっちゃんは 友達《ともだち》……
ボクらは今《いま》 源氏《げんじ》の仲間《なかま》に なってるんだから！
よし 偵察《ていさつ》終《お》わり！
みんなの ところへ戻《もど》るぞ エマ ケンジ
やだー!! あっちゃんに 会《あ》うんだ！
本当《ほんとう》にあそこに いるか わかんないじゃないか！

平氏《へいし》の陣《じん》は前《まえ》は海《うみ》 うしろは崖《がけ》にはさまれている
われわれが攻《せ》められる場所《ばしょ》はこの細《ほそ》い一本道《いっぽんみち》しかありません
う〜む
平氏軍《へいしぐん》は まちがいなくこの道《みち》で待《ま》ちぶせしているな
平氏軍陣地《へいしぐんじんち》
海《うみ》から攻《せ》められればのう……
道《みち》
海《うみ》
海《うみ》も厳重《げんじゅう》に守《まも》りを固《かた》めておるだろう
う――ん…
これではこちらが圧倒的《あっとうてき》に不利《ふり》ですね……どうします?
ふふ……心配《しんぱい》するな 治郎《じろう》
こういう時《とき》は発想《はっそう》を逆転《ぎゃくてん》するのだ
敵《てき》が「ここは安心《あんしん》」と考《かん》えるところはすなわち守《まも》りが甘《あま》くなるところ
あえてそこをつくのだ!

軍《ぐん》を2つに分《わ》けて はさみうちとする!
主力軍《しゅりょくぐん》は 細《ほそ》い一本道《いっぽんみち》から 攻撃《こうげき》するが
わたしが率《ひき》いる 少人数《しょうにんずう》の兵《へい》が攻《せ》めるのは――
ここだっ!!
わたしに続《つづ》け!!

……こ ここから……ですか？
ビュウゥ～～…
そうだ 敵《てき》の背後《はいご》のこの崖《がけ》を一気《いっき》に馬《うま》で下《くだ》って平氏《へいし》どもをうつ！
ムリです
同《おな》じく
わしも
わ わたしも
エマはやりた～い♥
なにをおじけづいておるのだ？
だって この高《たか》さですよ……!? 死《し》んじゃいます！
うん 死《し》ぬ
死《し》ぬよね
死《し》ぬ
あれを見《み》ろ 鹿《しか》が下《くだ》っているじゃないか
ぴょーい ぴょぴょ～い
同《おな》じ4本足《ほんあし》の馬《うま》に できないはずがない！
いや ボク 2本足《ほんあし》ですし……
わしも……
わ わたしも……

――って……
うわあああああああああっっ
ドドド
行《い》け行《い》け～～～っ!!
ドドドド
!?
げ　源氏《げんじ》が崖《がけ》から襲《おそ》ってきた……!?
ひいいいいーー
死《し》ーーぬぅーーっっ

ゴロ
ゴロ
ゴロ〜〜
ドド
テーン!
ボ……ボク……
生《い》きてる……?
ハヒイ〜……
さ さすが
義経《よしつね》さま……
こんな作戦《さくせん》
ふつうは思《おも》い
つかねえよ……
ちょっぴり
チビっちゃったぜ…
ジェット
コースター
みたいで
楽《たの》しかった〜♥
よ よし
おまえたちは
ここを見張《みは》れ!
わたしは
義経《よしつね》さまの
手助《てだす》けを
してくる!
ええっ!?
み 見張《みは》れって
いわれても……
だれだい?
びくっ
!!
あ……
あっちゃん?

え!? もしかして エマとケンジ じゃない!?
なつかしい! あの時《とき》 急《きゅう》にいなくなって 心配《しんぱい》していたんだ
あっちゃん 大《おお》きくなった ね〜! はい笛《ふえ》♥
何年《なんねん》もたつのに あなたたちは 変《か》わらないね……!?
エマたちは タイムワー……
こ こら! しーっ
?
笛《ふえ》…… わざわざ ありがとう
そういえば 京《きょう》を出《で》てから ずっと吹《ふ》いて なかったな……
でも もう平氏《へいし》とは かかわらない ほうがいい
なんで?
エマたちは今《いま》 源氏《げんじ》の人《ひと》たちと いっしょだけど あっちゃんたちとも 友達《ともだち》だよ
平氏《へいし》は もう……
……え? なに?

☆本《ほん》の感想《かんそう》、ファンクラブ通信《つうしん》への投稿《とうこう》など、好《す》きなことを書《か》いてね！

ご感想《かんそう》を広告《こうこく》、書籍《しょせき》のPRに使用《しよう》させていただいてもよろしいでしょうか？

1．実名《じつめい》で可《か》　2．匿名《とくめい》で可《か》　3．不可《ふか》

郵便はがき

ここに切手《きって》を
貼《は》ってね！

1 0 4 - 8 0 1 1

朝日新聞出版　生活・文化編集部

「サバイバル」「対決」
「タイムワープ」シリーズ　係

☆**愛読者《あいどくしゃ》カード**☆シリーズをもっとおもしろくするために、みんなの感想《かんそう》を送《おく》ってね。
毎月《まいつき》、抽選《ちゅうせん》で10名《めい》のみんなに、サバイバル特製《とくせい》グッズをあげるよ。

☆**ファンクラブ通信《つうしん》への投稿《とうこう》**☆このハガキで、ファンクラブ通信《つうしん》のコーナーにも投稿《とうこう》できるよ！
たくさんのコーナーがあるから、いっぱい応募《おうぼ》してね。

ファンクラブ通信《つうしん》は、公式《こうしき》サイトでも読《よ》めるよ！ サバイバルシリーズ 検索《けんさく》

お名前《なまえ》			ペンネーム	※本名《ほんみょう》でも可《か》	
ご住所《じゅうしょ》	〒				
電話番号《でんわばんごう》			シリーズを何冊《なんさつ》もってる？		冊《さつ》
メールアドレス					
学年《がくねん》	年《ねん》	年齢《ねんれい》	才《さい》	性別《せいべつ》	
コーナー名《めい》	※ファンクラブ通信《つうしん》への投稿《とうこう》の場合《ばあい》				

※ご提供《ていきょう》いただいた情報《じょうほう》は、個人情報《こじんじょうほう》を含《ふく》まない統計的《とうけいてき》な資料《しりょう》の作成等《さくせいなど》に使用《しよう》いたします。その他《た》の利用《りよう》について詳《くわ》しくは、当社《とうしゃ》ホームページ https://publications.asahi.com/company/privacy/ をご覧下《らんくだ》さい。

いや なんでもない
とにかくここは
あぶないから
源氏軍《げんじぐん》のほうに
いなさい
わたしは
だいじょうぶ
ほんと
に？
行《い》こう
エマ
あっちゃんも
早《はや》く逃《に》げな
よ～
うん
ありがとう
また今度《こんど》
歌《うた》とか すもうの
対決《たいけつ》しようね！
きっと
だよ～！
さようなら……
エマ……
ケンジ

平氏《へいし》に大勝利《だいしょうり》した
源氏軍《げんじぐん》が京《きょう》に
帰《かえ》ってきたぞ～！
ワー
ワー
あれが一《いち》の谷《たに》で
平氏軍《へいしぐん》をやっつけた
戦《いくさ》の天才《てんさい》 義経《よしつね》さまだ
ワー
すてき～♥
義経《よしつね》め……
すっかり京《きょう》の
人気者《にんきもの》きどりで
おじゃる……
なんでも 平氏《へいし》を
たおしたほうびに
朝廷《ちょうてい》から位《くらい》を
ちょうだいするとか……
ぎぎぎ…ッ
刀《かたな》を振《ふ》り回《まわ》すことしか
できない武士《ぶし》のくせに
麻呂《まろ》ら（わたしたち）と
同《おな》じ 貴族《きぞく》の
仲間《なかま》入りなど……っ！
京《きょう》のアイドル
静御前《しずかごぜん》とも
なかよくなった
らしいで
おじゃる～!!
貴族《きぞく》の
みなさん

＊屋島《やしま》＝香川県高松市《かがわけんたかまつし》

源平合戦《げんぺいがっせん》①　源義仲《みなもとのよしなか》と源義経《みなもとのよしつね》の戦《たたか》い

① 平氏打倒《へいしだとう》に源氏《げんじ》が立《た》ち上《あ》がる!

権力《けんりょく》を独占《どくせん》する平氏《へいし》への人々《ひとびと》の怒《いか》りは大《おお》きくなっていきました。1180（治承《じしょう》4）年《ねん》、＊後白河法皇《ごしらかわほうおう》の皇子《おうじ》・以仁王《もちひとおう》が「平氏《へいし》を倒《たお》せ」という令旨《りょうじ》（命令《めいれい》書《しょ》）を発《はっ》します。これをきっかけに源《みなもとの》（木曽《きそ》）義仲《よしなか》や源頼朝《みなもとのよりとも》など、各地《かくち》の源氏《げんじ》が兵《へい》を挙《あ》げました。これから平氏《へいし》が滅《ほろ》ぶまでの5年《ねん》ほどの戦《たたか》いを「源平合戦《げんぺいがっせん》」（治承《じしょう》・寿永《じゅえい》の乱《らん》）といいます。

② 源義仲《みなもとのよしなか》の活躍《かつやく》

最初《さいしょ》に平氏《へいし》に勝《か》ち、京《きょう》から平氏《へいし》を追《お》い払《はら》ったのが、源義仲《みなもとのよしなか》です。義仲《よしなか》が平氏《へいし》と戦《たたか》った「倶利伽羅峠《くりからとうげ》の戦《たたか》い」では、夜《よる》、義仲軍《よしなかぐん》が牛《うし》の角《つの》に松明《たいまつ》を結《むす》びつけて走《はし》らせ、仲間《なかま》がたくさんいるように見《み》せかけ、平氏軍《へいしぐん》を退散《たいさん》させたというエピソードが伝《つた》わっています。

写真：小矢部市観光振興課

③ 常識破《じょうしきやぶ》りの戦《いくさ》の天才《てんさい》・源義経《みなもとのよしつね》

義仲《よしなか》に代《か》わって平氏《へいし》との戦《たたか》いの主役《しゅやく》に躍《おど》り出《で》たのが、源義経《みなもとのよしつね》です。義経《よしつね》が平氏《へいし》と初《はじ》めて対戦《たいせん》したのが一《いち》の谷《たに》（兵庫県《ひょうごけん》）です。義経《よしつね》は、人間《にんげん》が下《お》りてこられるはずがないと平《へい》氏軍《しぐん》が油断《ゆだん》していた急《きゅう》な崖《がけ》を馬《うま》で駆《か》け下《お》り、源氏軍《げんじぐん》を勝利《しょうり》に導《みちび》きました。

江戸時代《えどじだい》の絵師《えし》・歌川国芳《うたがわくによし》が描《えが》いた「一《いち》の谷《たに》の戦《たたか》い」の模様《もよう》
山口県立萩美術館・浦上記念館蔵

＊後白河上皇《ごしらかわじょうこう》は、1169（嘉応《かおう》1）年《ねん》に出家《しゅっけ》して法皇《ほうおう》になった

あっちゃんこと平敦盛《たいらのあつもり》だが……
エマたちと別《わか》れたその後《あと》のことは……
173ページを見てみよう……

平《たいらの》 敦盛《あつもり》
★生没年《せいぼつねん》 1169～1184 年《ねん》 平氏一《へいしいち》の美少年《びしょうねん》で、笛《ふえ》の名手《めいしゅ》として有名《ゆうめい》。

「一《いち》の谷《たに》の戦《たたか》い」の1年後《ねんご》の「屋島《やしま》の戦《たたか》い」でも、義経《よしつね》は敵《てき》の予想《よそう》を裏切《うらぎ》る作戦《さくせん》を行《おこな》いました。大荒《おおあ》れの海《うみ》を利用《りよう》して、平氏軍《へいしぐん》を襲《おそ》ったのです。これには味方《みかた》も反対《はんたい》しましたが、義経《よしつね》は「思《おも》いがけない時《とき》に攻《せ》めてこそ敵《てき》を討《う》てる」と主張《しゅちょう》し、見事《みごと》、奇襲《きしゅう》は成功《せいこう》しました。

平安時代末《へいあんじだいすえ》のキーパーソン 3

京《きょう》に一番乗《いちばんの》りした源氏《げんじ》

源《みなもとの》 義仲《よしなか》（左《ひだり》は巴御前《ともえごぜん》）

★生没年《せいぼつねん》 1154～1184 年《ねん》
信濃国《しなののくに》（長野県《ながのけん》）が拠点《きょてん》の源氏《げんじ》。27 歳《さい》で兵《へい》を挙《あ》げ、30 歳《さい》で京《きょう》に一番乗《いちばんの》りして平氏《へいし》を追《お》い出《だ》すが、政治力《せいじりょく》はなく、1年後《ねんご》にはいとこの頼朝《よりとも》・義経《よしつね》に敗《やぶ》れる。

写真：木曽町観光協会

平安時代末《へいあんじだいすえ》のキーパーソン 4

源平合戦《げんぺいがっせん》の大《だい》ヒーロー

源《みなもとの》 義経《よしつね》

★生没年《せいぼつねん》 1159～1189 年《ねん》
源義朝《みなもとのよしとも》の末息子《すえむすこ》。義朝《よしとも》の死後《しご》、鞍馬山《くらまやま》（京都府《きょうとふ》）や奥州《おうしゅう》（東北地方《とうほくちほう》）の藤原氏《ふじわらし》のもとにいたが、兄《あに》・頼朝《よりとも》の挙兵《きょへい》を知《し》ると、源氏軍《げんじぐん》に参加《さんか》した。

中尊寺蔵

平氏《へいし》は海《うみ》の戦《たたか》いが得意《とくい》！

6章《しょう》

源氏《げんじ》VS.《バーサス》平氏《へいし》最後《さいご》の戦《たたか》い！

ザザ
嵐《あらし》になりそうだがこのまま進《すす》むぞ！
摂津《せっつ》＊から屋島《やしま》に向《む》かう源氏軍《げんじぐん》
平氏《へいし》は今《いま》これから行《い》く屋島《やしま》という場所《ばしょ》に集《あつ》まっているんだ
わたしたちはここで やつらにトドメをさすのだ！

＊摂津《せっつ》＝大阪府《おおさかふ》の北部《ほくぶ》辺《あた》り

なにも
トドメなんか
ささなくて
いいじゃん……
なかよくは
できないの？
無理《むり》だ！
一度《いちど》はこちらのほうが
トドメをさされ
かけたんだぜ⁉
源氏《げんじ》と平氏《へいし》は
どちらかが
滅《ほろ》ぶまで戦《たたか》う
運命《うんめい》なのだ‼
実《じつ》は……
わたしたち義経軍《よしつねぐん》が
京《きょう》にいたあいだ
別《べつ》の源氏軍《げんじぐん》が平氏軍《へいしぐん》と
戦《たたか》って苦戦《くせん》しているのだ
バタ
バタ
別《べつ》の
源氏軍《げんじぐん》？
頼朝《よりとも》さん
かな？
いや……
もうひとりの兄上《あにうえ》・
範頼《のりより》さまさ
義朝《よしとも》
（父《ちち》）
義平《よしひら》
朝長《ともなが》
頼朝《よりとも》
範頼《のりより》
義経《よしつね》
この人！
4カ月前《げつまえ》――
いけー
進《すす》めー
突撃《とつげき》～～～っ‼
ワー
ワー

平氏《へいし》の息《いき》の根《ね》を止《と》めるのはこの範頼《のりより》だっ!!
弟《おとうと》の義経《よしつね》に兄《あに》のわしが負《ま》けるわけには……
うぷっ……
ふ……船《ふね》をゆらすな……
もちっとやさしくこいでくれ……
船酔《ふなよ》いするだろ～が……
オエ…ッ
ええ～戦《いくさ》の最中《さいちゅう》なのに～!?
範頼《のりより》どの! 平氏《へいし》のやつら凄《すご》い勢《いきお》いですっ 退却《たいきゃく》しましょう～!
ぐぬぬっ 平氏《へいし》のくせになかなかやりお……
ウェップ
しかたない 一時《いちじ》たいきゃ……
ボウエエッ
げろげろげ――っ
うわああっ!?
うわー
ヒー
ギャー
というわけで平氏《へいし》が盛《も》り返《かえ》しはじめているのだ
それで やはり義経《よしつね》さまでなくてはだめだということになりわたしたちの出番《でばん》なのだ!

＊実際《じっさい》には、範頼《のりより》は食糧《しょくりょう》不足《ぶそく》などで苦戦《くせん》した

義経《よしつね》だ
あああっ!!!
摂津《せっつ》から屋島《やしま》まで
こんなに早《はや》く来《く》るとは……
嵐《あらし》のなかを
小《ちい》さな船《ふね》で
つっきるとは
なんという
命知《いのちし》らず!
えっ
うしろ
から!?
屋島《やしま》
平氏軍《へいしぐん》
義経《よしつね》
ぐぬぬ
さすがは
戦《いくさ》の天才《てんさい》……
全員船《ぜんいんふね》に乗《の》り込《こ》め
海《うみ》ににげろー!!
ワー……
ワー
ワー
ワー
ワー
ワー

日《ひ》がしずむね……
ザザ───…ン
静《しず》かになったけど今日《きょう》はもうおしまいなのかな……？
決着《けっちゃく》つかないね……
……ああどうしよう……
ドン
あっ
あたっ!?
ごごめんよ考《かんが》えごとしていて……
那須与一《なすのよいち》

どうしたの？顔《かお》まっさおだよ？
おなかいたいの？
え？
うん……実《じつ》はさっき――
平氏《へいし》の船《ふね》が1隻接近《せきせっきん》！
女官《にょかん》が乗《の》ってるぞ
……!?
はぁ～い
ごきげんよういなか者《もの》の源氏《げんじ》のみなさま
今日《きょう》がんばったみなさまにと～っても楽《たの》しいあそびをもってまいりましてよ
ホホホホホ
!?
この扇《おうぎ》をごらんなさい！
この的《まと》をそこから矢《や》でねらうことのできる方《かた》はいらっしゃって？
腕《うで》に自信《じしん》がおありならねらってごらんなさいな
まぁ源氏《げんじ》のヘナチョコさんたちには無理《むり》でしょうけど♥
オーッホッホッホ♥
ぐぬぬ……平氏《へいし》めっわれらを挑発《ちょうはつ》しおるか!!

どうします？挑戦《ちょうせん》を受《う》けねばおじけづいたと思《おも》われますし
的《まと》をはずせばわが軍《ぐん》のやる気《き》が落《お》ちてしまいます……！
みごと命中《めいちゅう》させねば源氏《げんじ》の名折《なお》れ……か
よし！畠山重忠《はたけやましげただ》！おまえの腕前《うでまえ》みせつけてやれ
ぎょっ
畠山重忠《はたけやましげただ》
んごっ!?せ 拙者《せっしゃ》少々《しょうしょう》おなかの調子《ちょうし》が……
ここは那須為隆《なすのためたか》どのがよろしいかと
ええっ!?
わ わたしは先《さき》ほどけがをいたしまして……っ
びくっ
那須為隆《なすのためたか》
こ ここは為隆《ためたか》が弟《おとうと》・那須与一《なすのよいち》に……
えええええっ!?
よくな～～い!!
わたしは 弓《ゆみ》は得意《とくい》でも本番《ほんばん》にはすごく弱《よわ》いんだよ……
こんな大役《たいやく》ぜったい無理《むり》だよう～……
む 無理《むり》だよ兄上《あにうえ》っ
わたしがあがり性《しょう》なの知《し》っているだろ～!?
いいからいいから♥

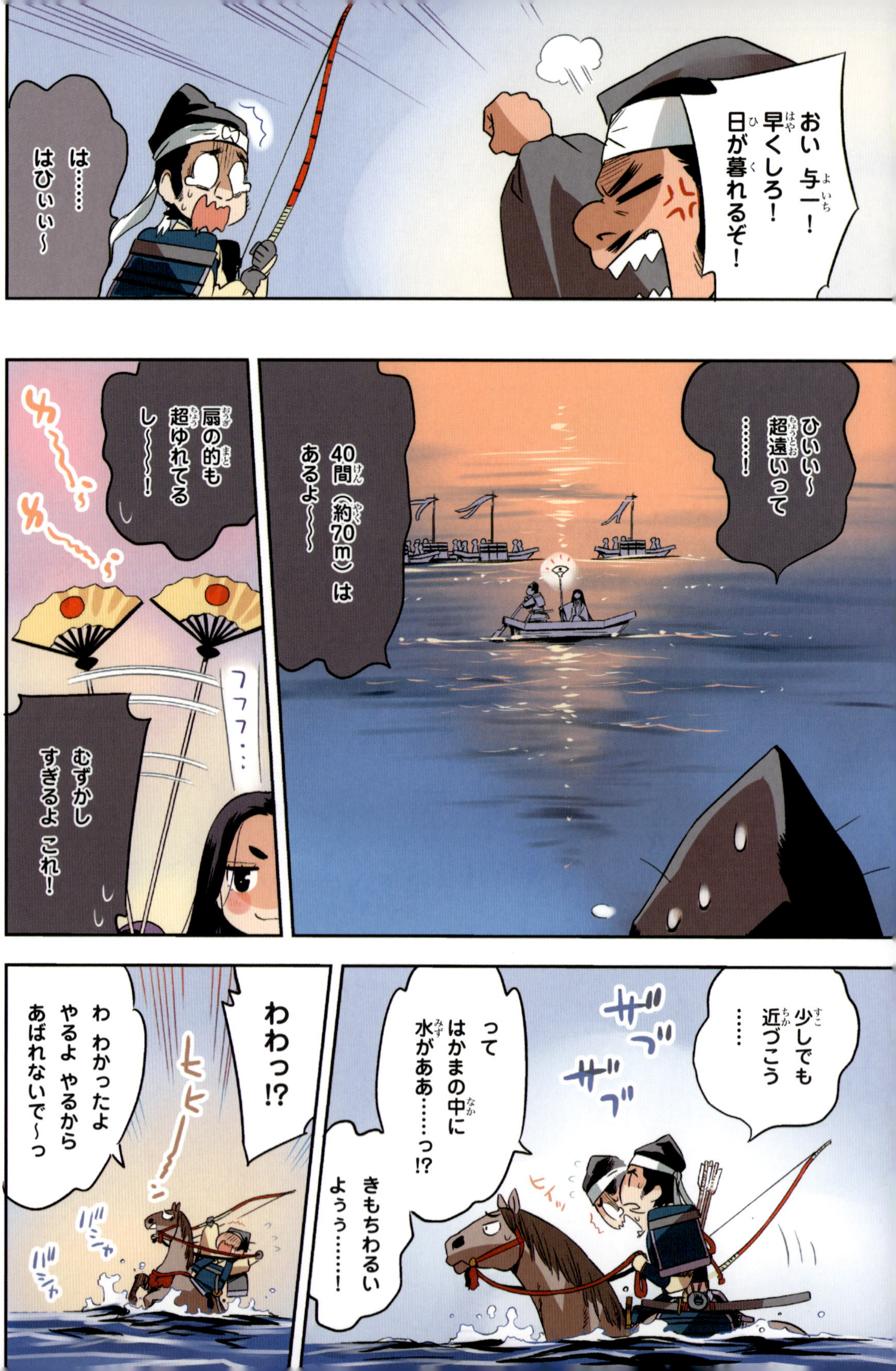
おい 与一《よいち》！
早《はや》くしろ！
日《ひ》が暮《く》れるぞ！
は……
はひぃぃ～
ひぃぃ～
超遠《ちょうとお》いって
……！
40間《けん》（約《やく》70m）は
あるよ～～
扇《おうぎ》の的《まと》も
超《ちょう》ゆれてる
し～～～！
フフフ…
むずかし
すぎるよ これ！
少《すこ》しでも
近《ちか》づこう
……
ザブ
ザブ
って
はかまの中《なか》に
水《みず》があぁ……っ!?
ヒィッ
きもちわるい
よぅぅ……！
わわっ!?
ヒヒ―ン
わ わかったよ
やるよ やるから
あばれないで～っ
バシャ
バシャ

……なんか
ひとりでブツブツ
つぶやいてるけど
だいじょうぶかなぁ……
どうどう～
ヒヒーン
ブルル
へ……平常心《へいじょうしん》
へいじょう
しん……っ
あの女官《にょかん》に
あたったら
平氏《へいし》たち 怒《おこ》る
だろうなぁ……
ドキ
ドキ
ドキ
ドキ
はっ
いかんいかん！
いつもの
おまじない
……！
南無八幡《なむはちまん》
大菩薩《だいぼさつ》
南無八幡《なむはちまん》
大菩薩《だいぼさつ》
……
ひーーーん
ガクブル
ああっ
やっぱりだめ
だぁぁ……っ
しょうがない
なぁ～
!?
エマが気合《きあい》
入《い》れてやっか～
ザブ
ザブ
気合《きあい》……

いっぱ〜〜〜っっつ♥
スパーン!!
わぁあ……っ!?
ビュッ
ドシイ!!
!!!
ヒュ
お……
ヒュ〜…
パサッ
おおおおおおっ
やるわね
源氏《げんじ》…
!?
命中《めいちゅう》だ!
やった〜!!
ヤンヤ
ヤンヤ
えええ〜〜〜

この後《あと》 義経軍《よしつねぐん》は平氏《へいし》に勝利《しょうり》した
平氏《へいし》どもめ あわてて逃《に》げていきおったわ！
エイエイオーッ
源氏《げんじ》の力《ちから》思《おも》い知《し》ったか〜〜!!
よーし この勢《いきお》いで平氏《へいし》との戦《たたか》いを一気《いっき》に終《お》わらせてやるぞ！
みんな…… ともにがんばろう！
義経《よしつね》さま一生《いっしょう》ついていきますー♥
そして1カ月《げつ》後《ご》
壇《だん》の浦《うら》*——
とうとう追《お》いつめたぞ平氏《へいし》ども
ワー
ワー
ウォー
ワー
オー
この戦《いくさ》ですべてを終《お》わりにしてやる！
突撃《とつげき》〜
!!!

*壇《だん》の浦《うら》＝山口県《やまぐちけん》下関市《しものせきし》周辺《しゅうへん》の地名《ちめい》

は始《はじ》まっちゃった……！
ワー
ワー
ワー
ワー
ヒ～
神様《かみさま》どうか無事《ぶじ》にすみますように～！
うわーすごい数《かず》の船《ふね》～
あぶない
!!
えっ？
ビュン！
!?
わああっ!?
パカーン！
ガッ
あ……あぶなかったぁ……！
ドキドキドキドキドキ
キュー……
ピ…ピピ…ピ
いたいのね――んっっ
カァ
ツ
!?

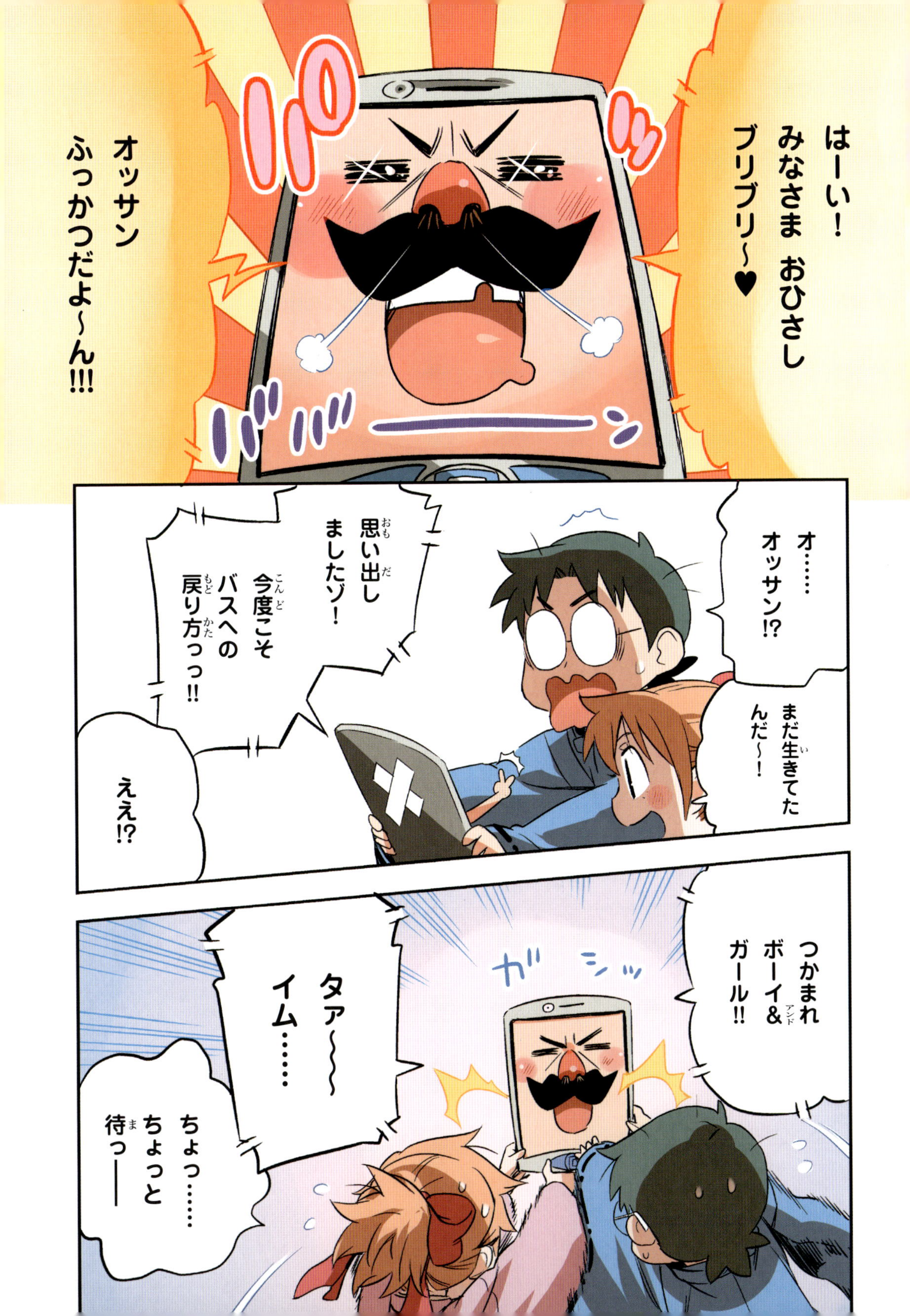

はーい！
みなさま　おひさし
ブリブリ～♥
オッサン
ふっかつだよ～ん!!!
パッ
バババーン
オ……
オッサン!?
まだ生《い》きてたんだ～！
思《おも》い出《だ》しましたゾ！
今度《こんど》こそバスへの戻《もど》り方《かた》っっ!!
ええ!?
つかまれボーイ&《アンド》ガール!!
ガシッ
タア～～イム……
ちょっ……ちょっと待《ま》っ——

ワープ!!!
ギュォオオ
わああああっ
だいじょうぶか? ケンジ! エマ!
……!?
しーーん…
あ あれ……!?
ケンジ~?
エマ~……?
ワー
ワー
ワー

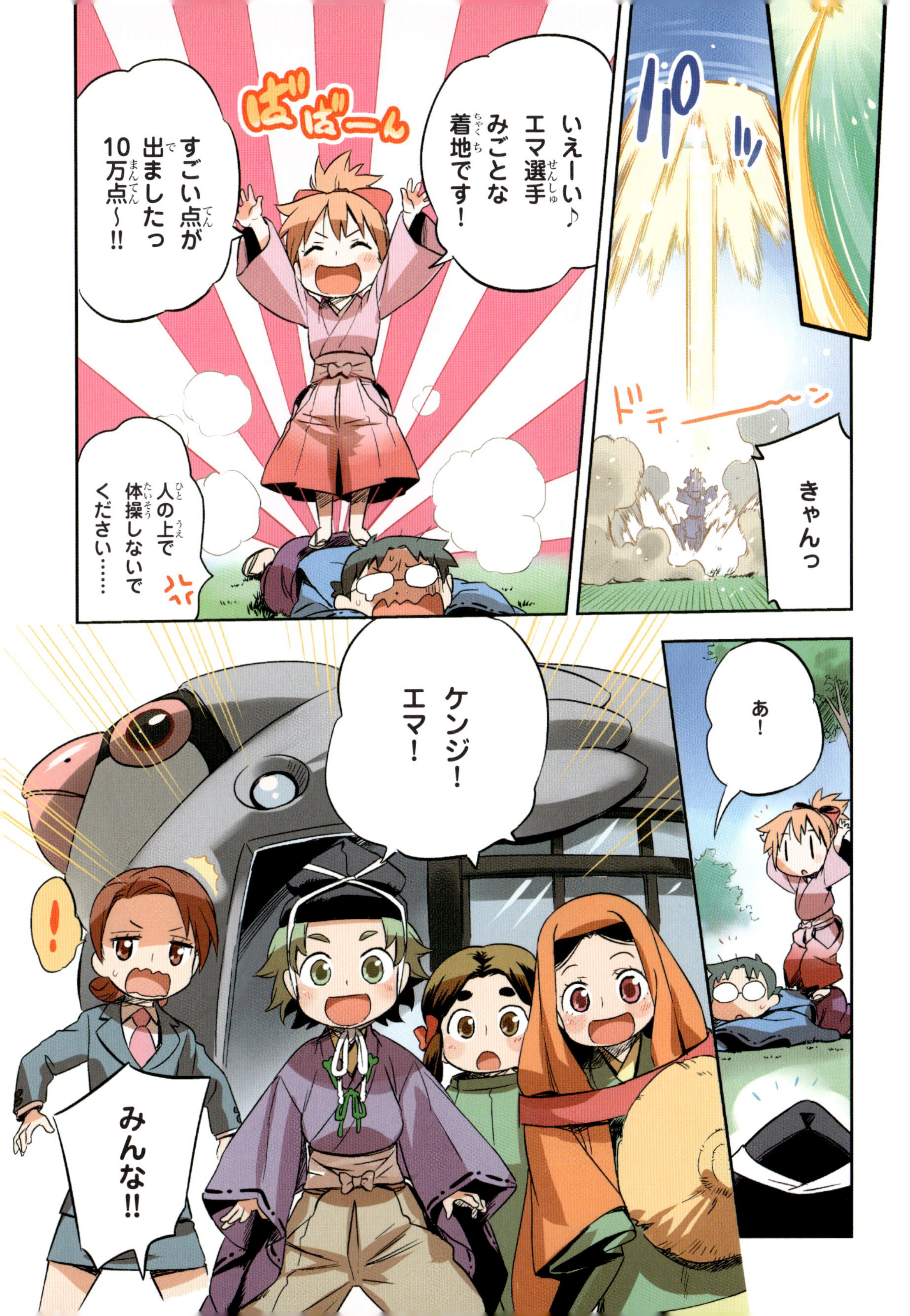パ
ッ
ドデーーーン
きゃんっ
ばばーん
いえーい♪
エマ選手《せんしゅ》
みごとな
着地《ちゃくち》です！
すごい点《てん》が
出《で》ましたっ
10万点《まんてん》～!!
人《ひと》の上《うえ》で
体操《たいそう》しないで
ください……
あ！
ケンジ！
エマ！
みんな!!

源平合戦《げんぺいがっせん》② 平氏《へいし》の滅亡《めつぼう》

① 最後《さいご》の戦《たたか》い

源平合戦《げんぺいがっせん》の最終決戦《さいしゅうけっせん》は、壇《だん》の浦《うら》（山口県《やまぐちけん》）で行《おこな》われました。1185（元暦《げんりゃく》2）年《ねん》3月《がつ》24日《にち》、源氏《げんじ》と平氏《へいし》の水軍《すいぐん》が海《うみ》の上《うえ》で激突《げきとつ》しました。

船《ふね》を使《つか》った戦《たたか》いは平氏《へいし》のほうが得意《とくい》でした。しかし、義経《よしつね》は部下《ぶか》に、船《ふね》の漕《こ》ぎ手《て》をねらって矢《や》を射《い》るように命令《めいれい》しました。これは、武士《ぶし》同士《どうし》が一対一《いちたいいち》で対戦《たいせん》することが常識《じょうしき》だった当時《とうじ》の戦《たたか》いとしては、考《かんが》えられない作戦《さくせん》でした。

義経《よしつね》の作戦《さくせん》によって平氏《へいし》の船《ふね》は迷子《まいご》のように海《うみ》の上《うえ》をさまよい、潮《しお》の流《なが》れも味方《みかた》して源氏《げんじ》が勝利《しょうり》しました。負《ま》けた平氏《へいし》の多《おお》くは、海《うみ》に身《み》を投《な》げて死《し》にました。そのなかには8歳《さい》の安徳天皇《あんとくてんのう》（清盛《きよもり》の孫《まご》）の姿《すがた》もありました。

こうして源平合戦《げんぺいがっせん》は終《お》わり、平氏《へいし》は滅《ほろ》びたのです。

栄華《えいが》をほこった者《もの》もいつかは滅《ほろ》びるのじゃな……

平氏《へいし》の赤《あか》い旗《はた》と源氏《げんじ》の白《しろ》い旗《はた》がひるがえる！
「壇《だん》の浦《うら》の戦《たたか》い」を描《えが》いたもの（「安徳天皇縁起絵図《あんとくてんのうえんぎえず》」部分《ぶぶん》）

赤間神宮蔵

もの知《し》りコラム

平氏《へいし》の繁栄《はんえい》から滅亡《めつぼう》までが語《かた》られた
『平家物語《へいけものがたり》』

『平家物語《へいけものがたり》』は、平氏《へいし》の繁栄《はんえい》から滅亡《めつぼう》までが語《かた》られた軍記物語《ぐんきものがたり》（歴史上《れきしじょう》の合戦《かっせん》を題材《だいざい》にした物語《ものがたり》）です。平氏《へいし》が滅《ほろ》んでから100年《ねん》ほど経《た》った13世紀頃《せいきごろ》に、現在伝《げんざいつた》わっているような内容《ないよう》になったと考《かんが》えられています。

◆◆◆

『平家物語《へいけものがたり》』は、源平合戦《げんぺいがっせん》に登場《とうじょう》する人物《じんぶつ》が個性豊《こせいゆた》かに描《えが》かれていて、軍記物語《ぐんきものがたり》の最高傑作《さいこうけっさく》といわれています。

祇園精舎《ぎおんしょうじゃ》の鐘《かね》の声《こえ》～
諸行無常《しょぎょうむじょう》の響《ひびき》あり～♪
意味《いみ》：インドにある、僧《そう》が修行《しゅぎょう》する祇園精舎《ぎおんしょうじゃ》という道場《どうじょう》の鐘《かね》の音《おと》には、諸行無常《しょぎょうむじょう》（ものごとは変化《へんか》していてとどまることがない）の響《ひび》きがある

『平家物語《へいけものがたり》』は、琵琶法師《びわほうし》（琵琶《びわ》で弾《ひ》き語《がた》りをする目《め》の不自由《ふじゆう》な僧侶《そうりょ》）によって広《ひろ》がった。「祇園精舎《ぎおんしょうじゃ》の～♪」は、この物語《ものがたり》の有名《ゆうめい》な始《はじ》まりの一節《いっせつ》

高松平家物語歴史館蔵

『平家物語《へいけものがたり》』に登場《とうじょう》する場所《ばしょ》

厳島神社《いつくしまじんじゃ》（広島県《ひろしまけん》）
古《ふる》くからある、海《うみ》の安全《あんぜん》の神《かみ》を祀《まつ》った神社《じんじゃ》。平清盛《たいらのきよもり》は、一族《いちぞく》の繁栄《はんえい》を願《ねが》い、この神社《じんじゃ》を信仰《しんこう》していた。満潮時《まんちょうじ》に、真《ま》っ赤《か》な社殿《しゃでん》と大鳥居《おおとりい》が海《うみ》の上《うえ》に浮《う》かぶように見《み》える。1996（平成《へいせい》8）年《ねん》に世界文化遺産《せかいぶんかいさん》に登録《とうろく》された

写真：朝日新聞社

硫黄島《いおうじま》（鹿児島県《かごしまけん》）
平氏《へいし》が権力《けんりょく》を独占《どくせん》していた頃《ころ》、ひそかに平氏打倒《へいしだとう》の計画《けいかく》が進《すす》んでいた。しかし密告《みっこく》によって計画《けいかく》していた者《もの》たちは捕《と》らえられ、処刑《しょけい》や、京《きょう》から遠《とお》い場所《ばしょ》に島流《しまなが》しにされた。その島《しま》ではないかとされているのが硫黄島《いおうじま》だ

写真：三島村役場

7章《しょう》 意外《いがい》と質素《しっそ》な武士《ぶし》の生活《せいかつ》

……なに言《い》ってんの?
ついさっき学校出発《がっこうしゅっぱつ》して今《いま》ここに着《つ》いたばっかじゃん……
てか なんでそんなによごれてるの……?
ボロ…
到着《とうちゃく》して点呼《てんこ》したらエマとケンジがいなくて騒《さわ》いでたところなんだぞ……!
ぷんすか
え……なにこれどういうこと?
なるぺそ!
どうやら われわれと時空《じくう》の流《なが》れが違《ちが》っていて
バスのほうではほんの数分《すうふん》しか時間《じかん》がたってないようなのねん~
数分《すうふん》
数年《すうねん》
村《むら》
心配《しんぱい》したんだぞ~
す……すみませんせんせ……
ま 今《いま》こうしていりゃあいいけどなべつに~♥
コロッ
ほーい 全員《ぜんいん》そろったなおまえらみんなテキトーに鎌倉時代《かまくらじだい》の村《むら》を見学《けんがく》してこ~い
パン
パン
ハーイ
……ホントテキトーな先生《せんせい》だなぁ……おかげで あまりツッコまれずにすんだけど……

エマ おなかぺこぺこだよ～
武士《ぶし》ごはん食《た》べにいこう！
ぐぅぅ～
ボクはバスで休《やす》みたいよ……
あ そうだ 先生《せんせい》
オッサン……じゃなくタブレットが壊《こわ》れたみたいなんです
……直《なお》せませんか……？
壊《こわ》れた～？
めんどくさいな～…
バーーーム！
失礼《しつれい》な！オッサン壊《こわ》れてなんかないにょーん！
あー こりゃおかしいわ
ま こんなんたたけば直《なお》んだろ
あいた！
ナニをするかっ
バンッ
なにも空《あ》いてないけど・・・あいた！
おもしろ～♫
キャハハ
バン
バン
バン
ノーー！ばしばしたたいちゃいや～ん！

あのおうちから ごはんのにおいが する〜♥
見学《けんがく》はあそこに しよう!
うわあ… すごい塀《へい》とお堀《ほり》で 守《まも》られてる……
村《むら》でいちばん目立《めだ》つし 武士《ぶし》の館《やかた》かな
こんにちはー
こーんーにー ちーはーー!
武士《ぶし》の館《やかた》に 入《い》れてくれる わけないよ……
別《べつ》のおうちに——
……って コラーーッ!?
ぎょっ
ぴょいっ
まてエマー!! 不法侵入《ふほうしんにゅう》は だめええええっ!!
♪

ん～
いいにおい♥
そーれぃ！
……お!?
なんか
おもしろそうなこと
やってる～
ギリリ…
そら！
もっとしっかり
押《お》せ～い！
ふんぬ～っ

こんにちは～
なにしてるの～？
おわあっ!?
ブリッチーン
ぎゃんっっっ
パッ
びくっ
い……いでえええ～～っっ
こ こら！
弓張《ゆみは》りの最中《さいちゅう》にびっくりさせるんじゃない！
……ってなにやつじゃ小娘《こむすめ》!?
どうやって入《はい》ってきた!?
わたしエマ！
見学《けんがく》に来《き》ました～♥
あと、ごはんおよばれにし♥
絵馬《えま》？
弓《ゆみ》つくってるの？
そういやよいっちゃんもやってたなぁ
よいっちゃん？

うん
那須与一《なすのよいち》って
人《ひと》～
平氏《へいし》の扇《おうぎ》をねらう時《とき》
エマが手伝《てつだ》って
あげたんだよ！
なにっ
与一《よいち》どのの
屋島《やしま》の扇打《おうぎう》ちを
見《み》たのか!?
うわー
いいなー!!
いっしょに
食事《しょくじ》でもどうじゃ？
その話《はなし》を
聞《き》かせてくれ～
うん！
いいよ！
ひゃっほ～～～う♪
ケンジも
おいでよ～
つるる――～～
こっ
こらっ

武士《ぶし》の館《やかた》ってこんな感《かん》じなんだぁ
京《きょう》の平氏《へいし》の館《やかた》にくらべてシンプルで地味《じみ》だなぁ
ガンッ
さあ召《め》し上《あ》がるがよかろう
ごは――――ん
めざし
漬物《つけもの》
塩《しお》
野菜《やさい》
玄米《げんまい》ご飯《はん》
うっ……ごはんもシンプルだ……
しょぼ～～ん
エマハンバーグとかカレーとか食《た》べたい～……
コレなぁに？
なにって……塩《しお》じゃよ？
ぺろぺろ
!?
直接《ちょくせつ》なめるの～!?
ガーン

＊一所懸命《いっしょけんめい》＝自分《じぶん》の領地《りょうち》に生活《せいかつ》のすべてをかけ、命《いのち》がけで守《まも》ること。現在《げんざい》では「一生懸命《いっしょうけんめい》」とも書《か》く

パカーンッ!!
おみごと!
ダダーッ
これなら エマたちも やったことあるよ!
なにっ やったことが あるのか!?
子《こ》どもなのに やるのう
これは「笠《かさ》がけ」といって より実戦《じっせん》向《む》けの 訓練《くんれん》じゃ
おまえたちも 挑戦《ちょうせん》して みるか?
やるやる~♥
ガッハッハ
ボクは いいです
いいから 遠慮《えんりょ》するな
いえ ムリ です……っ

パカーン
パーン
スパーン!!
うおおおっ!?
す
すごい……!
たいした
女子《おなご》じゃ!
わしらの
仲間《なかま》に欲《ほ》しい
くらいじゃ〜
!
ヤンヤ
ヤンヤ
いや〜
エマ 照《て》れちゃう
なぁ〜♥

……それにくらべてこわっぱのほうは……
なんでそーなる…
……ね？ムリって言《い》ったでしょう？
ぶらーーーん
やー見学楽《けんがくたの》しかったね～♪
エマ 武士《ぶし》の暮《く》らし気《き》に入《い》っちゃったよ～♥
ごはん以外《いがい》は！
ボクはボクらの時代《じだい》がいいよ……
なんだもう戻《もど》ってきたのかおまえら
ほらタブレット直《なお》しといたぞ

直《なお》ったの!?
あ〜〜〜っ
たぶんな〜
バンバン
たたいてやったら
ふつうっぽくなった♥
ぽく…?
まだ時間《じかん》あるから
そのへん
テキトーに見《み》てきな
先生《せんせい》
バスでもっと
寝《ね》てたいし〜
ふわあぁ
見《み》てきなって
言《い》われてもなぁ
……
もう
見学《けんがく》したし
……
あ
そういえば
壇《だん》の浦《うら》では
どっちが
勝《か》ったんだろ?
さっそく
オッサンに
聞《き》いて
みよう〜♪
よく戻《もど》った
ふたりとも
グレートOS《オーエス》大先生《だいせんせい》に
なにが聞《き》きたいのかな?
……
オッサン ふつうで
つまんない……
オッサンと呼《よ》ぶな!
そしてコレが
本来《ほんらい》のわがはいだっ!!
ぶー
ガビーンッ

ええ～!?
平氏《へいし》……滅《ほろ》んじゃったの～!?
うむ！
ついに これで源氏《げんじ》が武士《ぶし》のトップになったということじゃ！
やっぱり義経《よしつね》さんってすごいね……！
！
ケンジ……？
エマ……？
やっぱり！ケンジにエマだ!!
!!
治郎《じろう》に弁慶《べんけい》さん……義経《よしつね》さん……！

鎌倉時代《かまくらじだい》の武士《ぶし》の暮《く》らし

①「一所懸命《いっしょけんめい》」と「いざ鎌倉《かまくら》」

鎌倉時代《かまくらじだい》の武士《ぶし》を表《あらわ》す際《さい》、よく用《もち》いられる言葉《ことば》に「一所懸命《いっしょけんめい》」と「いざ鎌倉《かまくら》」があります。

「一所懸命《いっしょけんめい》」とは、「自分《じぶん》の領地《りょうち》を命《いのち》がけで守《まも》る」ことです（現在《げんざい》では「一生懸命《いっしょうけんめい》」とも書《か》きます）。その領地《りょうち》が自分《じぶん》のものだと保障《ほしょう》してくれたり、新《あたら》しい領地《りょうち》を与《あた》えてくれたりするのが、将軍《しょうぐん》（鎌倉幕府《かまくらばくふ》）でした。

「いざ鎌倉《かまくら》」とは、「将軍《しょうぐん》に大事《だいじ》が起《お》きた時《とき》には、急《いそ》いで駆《か》けつける」という意味《いみ》です。将軍《しょうぐん》に従《したが》う武士《ぶし》を御家人《ごけにん》といいますが、御家人《ごけにん》は、領地《りょうち》を保障《ほしょう》してくれた将軍《しょうぐん》の「御恩《ごおん》」に報《むく》いるため、将軍《しょうぐん》に忠誠《ちゅうせい》を誓《ちか》って「奉公《ほうこう》」し、大《おお》きな手柄《てがら》を立《た》てれば新《あたら》しい領地《りょうち》がもらえました（→114ページ）。

戦《いくさ》がない時《とき》の武士《ぶし》は、「一所懸命《いっしょけんめい》」に領地《りょうち》を守《まも》ったり田畑《たはた》

【牧場《ぼくじょう》】
戦《いくさ》のため、また高《たか》く売《う》れる財産《ざいさん》として、馬《うま》を育《そだ》てました

【弓馬《きゅうば》の道《みち》を究《きわ》める！】
弓馬《きゅうば》とは武芸《ぶげい》のことです。鎌倉時代《かまくらじだい》の武士《ぶし》は弓《ゆみ》と乗馬《じょうば》を重《おも》んじました。ふだんから笠懸《かさがけ》（馬《うま》に乗《の》って的《まと》に弓矢《ゆみや》を射《い》る練習《れんしゅう》）などに励《はげ》み、戦《いくさ》に備《そな》えました

「練習《れんしゅう》」の笠懸《かさがけ》と違《ちが》って流鏑馬《やぶさめ》は
弓矢《ゆみや》の「コンテスト」じゃ
コンテストに出場《しゅつじょう》する時《とき》は
鹿《しか》の皮《かわ》を腰《こし》に巻《ま》く
正式《せいしき》な狩《か》りの
ファッションをするのだ！

国立歴史民俗博物館蔵

を耕《たがや》したりしながら、「いざ鎌倉《かまくら》」のために、武芸《ぶげい》のけいこにはげんでいました。

東国《とうごく》の武士《ぶし》の館《やかた》（復元模型《ふくげんもけい》）

鎌倉時代《かまくらじだい》の武士《ぶし》は、先祖代々《せんぞだいだい》受《う》け継《つ》いだ自分《じぶん》の領地《りょうち》に館《やかた》を建《た》てて住《す》んでいました。そして、この館《やかた》を拠点《きょてん》に、領地《りょうち》を支配《しはい》していました

国立歴史民俗博物館蔵

【鎌倉時代《かまくらじだい》の武士《ぶし》の食事《しょくじ》（模型《もけい》）】

玄米《げんまい》ごはんや焼《や》き魚《ざかな》、漬物《つけもの》など質素《しっそ》ですが、栄養《えいよう》バランスはよく、体《からだ》にいいメニューでした

愛媛県歴史文化博物館蔵

【主屋《おもや》（母屋《おもや》）】
主人《しゅじん》や家族《かぞく》が住《す》む家《いえ》

【馬小屋《うまごや》】
ふだん乗《の》る馬《うま》が飼《か》われています

【堀《ほり》と塀《へい》】

館《やかた》のまわりには堀《ほり》と塀《へい》がはりめぐらされ、敵《てき》の侵入《しんにゅう》を防《ふせ》ぐつくりになっています。また、堀《ほり》の水《みず》は田畑《たはた》をうるおす農業用水《のうぎょうようすい》としても使《つか》われました

【田畑《たはた》】

地方《ちほう》の領主《りょうしゅ》でもあった武士《ぶし》は、ふだんは大地主《おおじぬし》として、館《やかた》の周囲《しゅうい》には田畑《たはた》をつくり、農耕《のうこう》を行《おこな》っていました

わしが着《き》ているのは
武士《ぶし》のふだん着《ぎ》「直垂《ひたたれ》」じゃ
直垂《ひたたれ》はもともとは庶民《しょみん》の労働服《ろうどうふく》だったが
動《うご》きやすいので
武士《ぶし》も取《と》り入《い》れたのじゃ！

国立歴史民俗博物館蔵

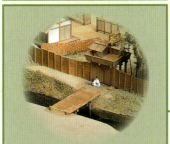

8章《しょう》

頼朝《よりとも》さんに会《あ》いたーい！

ケンジ！ エマ！ 生《い》きてたのかぁ〜〜〜！
うおぉっ
壇《だん》の浦《うら》の戦《たたか》い中《ちゅう》に急《きゅう》に消《き》えたから てっきりやられて海《うみ》に落《お》ちたと……
よかった……！ よかったあああ！
よし！ わたしたちは鎌倉《かまくら》へ行《い》く途中《とちゅう》なんだ ついてこい！
ぐいっ
い いや ボクらはもう……
もたもたしてないで！ 義経《よしつね》さまが大変《たいへん》なんだ！
……へ？ 大変《たいへん》？

大変《たいへん》って…… 平氏《へいし》はもう いないんじゃ ないの？
平氏《へいし》じゃないよ！ 頼朝《よりとも》さまが 義経《よしつね》さまのことを すごく怒《おこ》っているのだ！
??
治郎《じろう》 急《いそ》がねばならん 先《さき》に行《い》って おるぞ……！
は はいっ すぐまいります！
義経《よしつね》さんが いつになく あわてている……
どういうこと？ いったいなにが……
ドドドー…
くわしくは 行《い》きながら話《はな》す！ 行《い》くぞ！ 早《はや》く！
は 早《はや》く 行《い》くったって…… やっとクラスに 合流《ごうりゅう》できたのに……
行《い》こうよ ケンジ！ いろいろ気《き》になる！ よっちゃん心配《しんぱい》だし またオッサンに バスまでワープ させればいいじゃん
「させる」とは なにごとか！ 「していただく」 であろうが！
た たしかに オッサン 直《なお》ったから だいじょうぶ そうだけど……
もう 戦《いくさ》の心配《しんぱい》も ないかな……
ガシッ
いや でも やっぱり遠足《えんそく》から はぐれるのは……

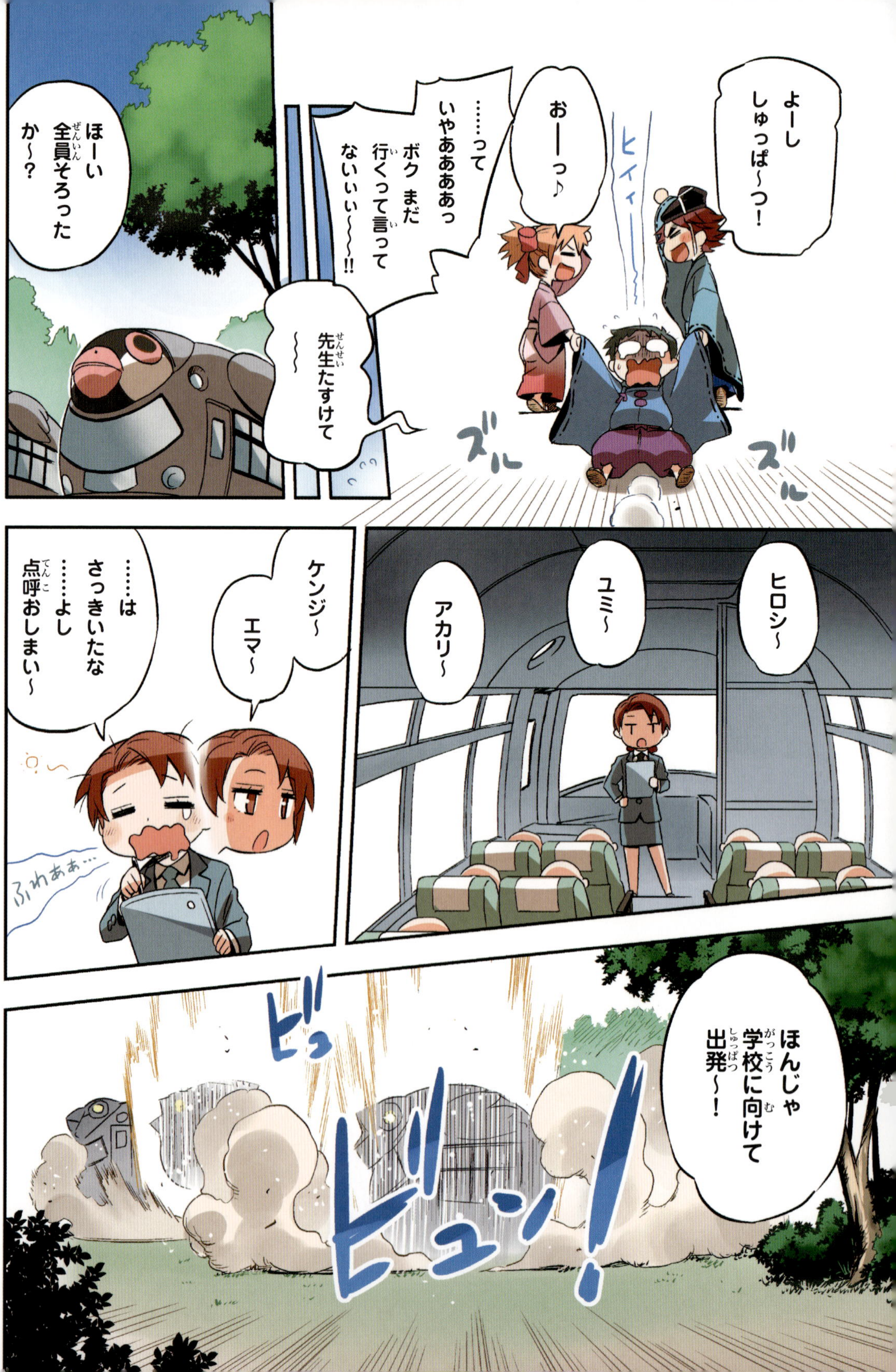
よーし しゅっぱ～つ！
おーーっ♪
ヒィィー
……って いやあああっ ボク まだ 行《い》くって言《い》って ないいい～～!!
先生《せんせい》たすけて～～
ズル
ズル
ほーい 全員《ぜんいん》そろったか～？
ヒロシ～
ユミ～
アカリ～
ケンジ～
エマ～
……は さっきいたな ……よし 点呼《てんこ》おしまい～
ふわああ…
ほんじゃ 学校《がっこう》に向《む》けて 出発《しゅっぱつ》～！
ビュ
ビュン！

……今《いま》 名前《なまえ》を呼《よ》ばれたような……
まーだそんなこと言《い》ってる～
きみらは気楽《きらく》でいいよな……
てか 本当《ほんとう》にだいじょうぶなのか？ オッサン……
オッサンって言《い》うなー!!
男《おとこ》ならうしろをふりむくでない！
どうした？ だれとはなしてるんだ…？
う……ううん！
そ それよかなんで怒《おこ》ってるの？ 頼朝《よりとも》さんは
うん……
きっかけは一《いち》の谷《たに》の戦《たたか》いのあと義経《よしつね》さまが「検非違使《けびいし》」という役職《やくしょく》と貴族《きぞく》の位《くらい》を朝廷《ちょうてい》からいただいたことにあるのだ……
けびーし？

おいしいお菓子《かし》とかかな……？
じゅる…
食《く》い物《もの》ではないわ！
かんたんに言《い》うと警察《けいさつ》でいちばんえらい長官《ちょうかん》みたいなお役目《やくめ》である
ガボーン
武士《ぶし》なんだから警察《けいさつ》のお仕事《しごと》したっていいじゃん？
そうなんだよ……
でも頼朝《よりとも》さまは――
ワナ ワナ ワナ ワナ…
よぉ～～～
しぃ～～～
つううう～～～～～
ねえええええええっっ!!!
ダン
ドンッ
源頼朝《みなもとのよりとも》

わたしに黙《だま》って朝廷《ちょうてい》から位《くらい》をもらってはいかんとあれほど言《い》っておいただろーがーーっ!!
あ あなた そんなに怒《おこ》ると また頭痛《ずつう》が…
ひいいっ
頼朝《よりとも》の妻《つま》・北条政子《ほうじょうまさこ》
うるさーーーいっ!!
この国《くに》を武士中心《ぶしちゅうしん》の社会《しゃかい》にするわたしの計画《けいかく》を無視《むし》して貴族《きぞく》どもの子分《こぶん》になるとはなにごとじゃああ!!
で でも義経《よしつね》どのにもなにか理由《りゆう》が……
妻《つま》が夫《おっと》に口答《くちごた》えするなーー!!
うおのれええ〜〜ッ
ひいいっ
義経《よしつね》も 兄《あに》の言《い》うことに逆《さか》らうとは許《ゆる》されーーん!!
もう あいつとは絶交《ぜっこう》じゃ!

わたしの邪魔《じゃま》をする者《もの》はだれであろうと許《ゆる》さ――――ん!!
ガ――ッ
――以上《いじょう》「頼朝《よりとも》さま 弟《おとうと》・義経《よしつね》に怒《いか》りまくるの巻《まき》」動画《どうが》でした
※映像《えいぞう》はイメージです
ヒィィ
こ……こわい～……っ
ホ ホントにこんなこわい人《ひと》なの……?
知《し》らん!
わがはいの想像《そうぞう》じゃ……んごんがががが
ザ ザザザ
!?
あ あれ? どうしたのオッサン……!?
ブツン
またおかしくなっちゃった……
?
ポカーン
……どうした? さっきからなにを見《み》ている?

……まぁとにかく 貴族《きぞく》の位《くらい》を勝手《かって》にもらった 義経《よしつね》さまに 頼朝《よりとも》さまはお怒《いか》りなのだ
義経《よしつね》さまは まっすぐで正直《しょうじき》な 方《かた》だから頼朝《よりとも》さまに 逆《さか》らう気《き》なんか ないのに……
すべては兄上《あにうえ》のため! 源氏《げんじ》のため!!
平氏《へいし》をやっつけ 京《きょう》を守《まも》った ほうびを受《う》け取《と》った だけのつもりなんだ
奉公《ほうこう》して 御恩《ごおん》をもらうような ものだよ!
エマもモグモグ ごほうびモグ だいモグ好《ず》き～♥
むふ～♥
もらえるモグものは なんだってモグ もらっちゃうモグ よね～モグモグ
食《た》べながら しゃべるなよ ……
それで 誤解《ごかい》を 解《と》きに鎌倉《かまくら》へ 行《い》くのかぁ……
仲直《なかなお》りできると いいね 兄弟《きょうだい》 なんだし……

腰越《こしごえ》（鎌倉《かまくら》まで約《やく》6㎞）
ザザ
あっ よっちゃんだ！
わたしは兄上《あにうえ》に会《あ》うため はるばる来《き》たのだ！
なんだと!?
びくっ
!?
鎌倉《かまくら》を目前《もくぜん》にして ここで待《ま》てとは どういうことだ！

義経《よしつね》さまを鎌倉《かまくら》に一歩《いっぽ》も入《い》れてはならぬとの頼朝《よりとも》さまのご命令《めいれい》です この腰越《こしごえ》の地《ち》で待《ま》たれよ
……
兄上《あにうえ》……
ええ～!?
ど どうなってんの……?

源頼朝《みなもとのよりとも》ってどんな人《ひと》？

①女性《じょせい》に命《いのち》を助《たす》けられる

源頼朝《みなもとのよりとも》は源氏《げんじ》の棟梁《とうりょう》・源義朝《みなもとのよしとも》の三男《さんなん》です。母親《ははおや》の身分《みぶん》が高《たか》かったため、幼《おさな》いころから「次《つぎ》の棟梁《とうりょう》は頼朝《よりとも》」と、一族《いちぞく》からは認《みと》められていたようです。

父《ちち》・義朝《よしとも》が平治《へいじ》の乱《らん》（↓54ページ）を起《お》こした時《とき》、13歳《さい》の頼朝《よりとも》も平氏《へいし》と戦《たたか》いました。しかし、平氏《へいし》に敗《やぶ》れた父《ちち》は逃《に》げる途中《とちゅう》で殺《ころ》され、頼朝《よりとも》は、平氏《へいし》に捕《と》らえられてしまいます。

義朝《よしとも》の子《こ》である頼朝《よりとも》は、平清盛《たいらのきよもり》に処刑《しょけい》されそうになりました。しかし、清盛《きよもり》の継母《ままはは》・池禅尼《いけのぜんに》が「まだ子《こ》ども。殺《ころ》すのはかわいそう」と言《い》ったので、命《いのち》は助《たす》けられ、伊豆《いず》（静岡県《しずおかけん》）に流《なが》されることになりました。のちに、清盛《きよもり》は頼朝《よりとも》の命《いのち》を助《たす》けたことをとても後悔《こうかい》しました。

②鎌倉《かまくら》で力《ちから》をたくわえる

伊豆《いず》時代《じだい》の頼朝《よりとも》は、政治的《せいじてき》にも軍事的《ぐんじてき》にも無力《むりょく》でした。しかし、伊豆《いず》を拠点《きょてん》とする豪族《ごうぞく》の北条氏《ほうじょうし》の娘《むすめ》・政子《まさこ》を妻《つま》にしたことで、平氏《へいし》を倒《たお》す道《みち》が開《ひら》けました。

ところが頼朝《よりとも》は、いとこの源義仲《みなもとのよしなか》のように、すぐ京《きょう》を目指《めざ》したりはしませんでした。まずは自分《じぶん》の地盤《じばん》である関東《かんとう》をしっかりと固《かた》め、支配《しはい》する力《ちから》を持《も》つことを優先《ゆうせん》したのです。

頼朝《よりとも》が平氏打倒《へいしだとう》にようやく立《た》ち上《あ》がったのは、伊豆《いず》に流《なが》されてから、20年《ねん》ほどしてからでした。

③理想《りそう》のためには非情《ひじょう》にもなれる政治家《せいじか》

頼朝《よりとも》は、弟《おとうと》・義経《よしつね》の軍事的才能《ぐんじてきさいのう》を見抜《みぬ》いたり、話《はな》し合《あ》いが得意《とくい》な武士《ぶし》には戦《たたか》いより交渉《こうしょう》ごとをさせたりするなど、人《ひと》を活用《かつよう》することが上手《じょうず》でした。

一方《いっぽう》で、同《おな》じ源氏《げんじ》や血《ち》を分《わ》けた兄弟《きょうだい》であっても、完全《かんぜん》に信用《しんよう》することはなく、時《とき》には非情《ひじょう》とも思《おも》える接《せっ》し方《かた》をしました。

しかし、非情《ひじょう》にならないと、「武士中心《ぶしちゅうしん》の社会《しゃかい》をつくる」という壮大《そうだい》な理想《りそう》を成《な》しとげることはできなかったのかもしれません。

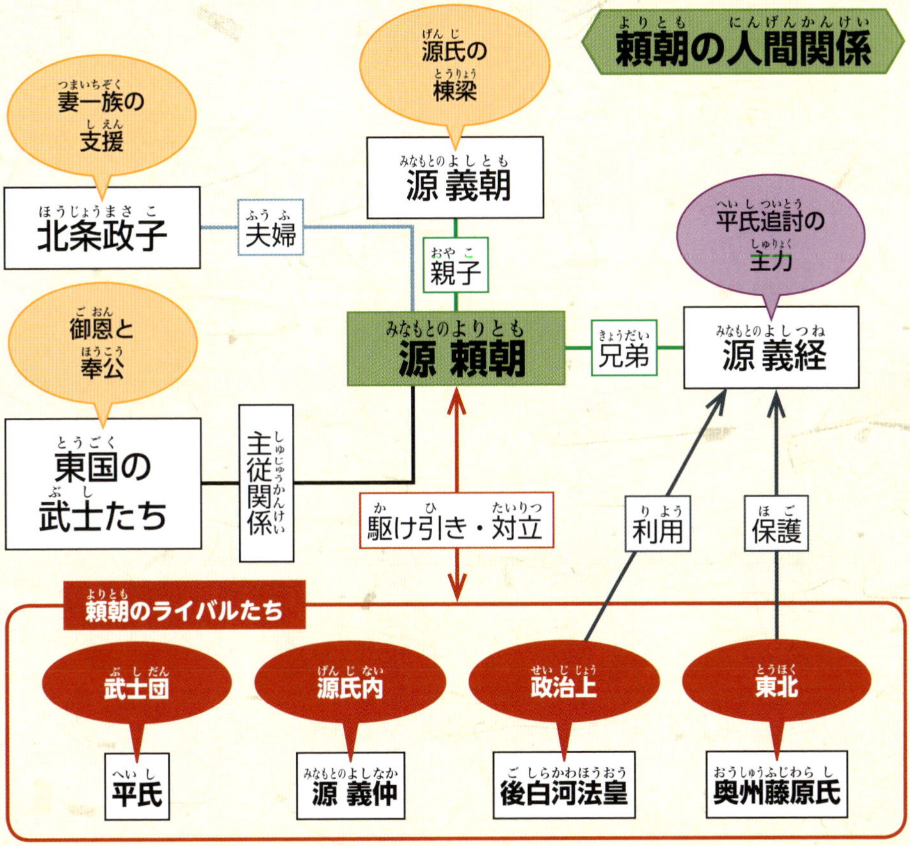
頼朝《よりとも》の人間関係《にんげんかんけい》
妻一族《つまいちぞく》の支援《しえん》
北条政子《ほうじょうまさこ》
夫婦《ふうふ》
源氏《げんじ》の棟梁《とうりょう》
源義朝《みなもとのよしとも》
親子《おやこ》
平氏追討《へいしついとう》の主力《しゅりょく》
御恩《ごおん》と奉公《ほうこう》
源頼朝《みなもとのよりとも》
兄弟《きょうだい》
源義経《みなもとのよしつね》
東国《とうごく》の武士《ぶし》たち
主従関係《しゅじゅうかんけい》
駆《か》け引《ひ》き・対立《たいりつ》
利用《りよう》
保護《ほご》
頼朝《よりとも》のライバルたち
武士団《ぶしだん》
平氏《へいし》
源氏内《げんじない》
源義仲《みなもとのよしなか》
政治上《せいじじょう》
後白河法皇《ごしらかわほうおう》
東北《とうほく》
奥州藤原氏《おうしゅうふじわらし》

源頼朝《みなもとのよりとも》の一生《いっしょう》

1147年《ねん》	源義朝《みなもとのよしとも》の三男《さんなん》として生《う》まれる
1159年《ねん》	平治《へいじ》の乱《らん》で父《ちち》・義朝《よしとも》が敗《やぶ》れ、伊豆《いず》に流《なが》される（〜1160年《ねん》）
1177年《ねん》	北条政子《ほうじょうまさこ》と結婚《けっこん》
1180年《ねん》	平氏打倒《へいしだとう》の兵《へい》を挙《あ》げ、富士川《ふじがわ》の戦《たたか》いで平氏軍《へいしぐん》を破《やぶ》る。直後《ちょくご》に弟《おとうと》の義経《よしつね》と初《はじ》めて会《あ》う
1184年《ねん》	弟《おとうと》の範頼《のりより》・義経《よしつね》に命《めい》じて、源義仲《みなもとのよしなか》を討《う》つ
1185年《ねん》	壇《だん》の浦《うら》の戦《たたか》いで平氏《へいし》が滅《ほろ》ぶ 全国《ぜんこく》に守護《しゅご》・地頭《じとう》を置《お》く
1189年《ねん》	奥州藤原氏《おうしゅうふじわらし》を討《う》つ
1192年《ねん》	征夷大将軍《せいいたいしょうぐん》に任命《にんめい》
1199年《ねん》	53歳《さい》で亡《な》くなる

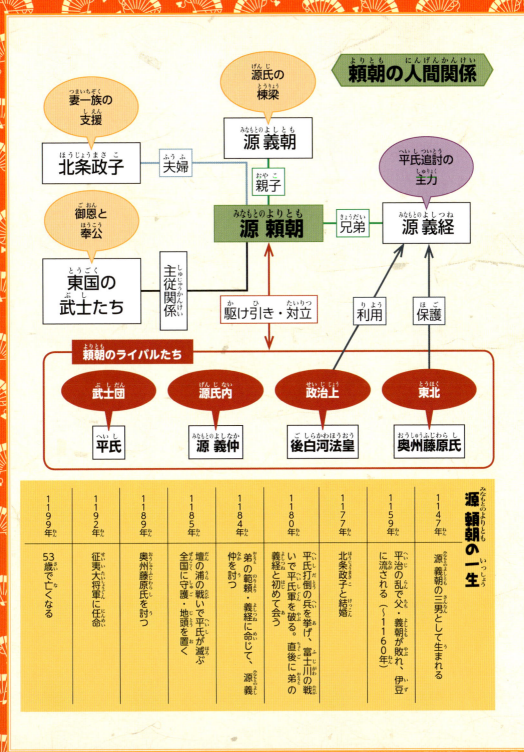

9章《しょう》
鎌倉潜入《かまくらせんにゅう》大作戦《だいさくせん》

……
……
なぜだ…… なぜ兄上《あにうえ》は わたしを鎌倉《かまくら》に 入《い》れてくれぬ……
なにをそこまで お怒《いか》りになるのか わたしには わからない……
やはり位《くらい》を ちょうだい したのが……
位《くらい》をもらって なにがいけない!?
ドン!

京《きょう》の貴族社会《きぞくしゃかい》にわれら源氏《げんじ》の力《ちから》を認《みと》めさせたということじゃないか!
それに平氏《へいし》を滅《ほろ》ぼすというわれら兄弟《きょうだい》の願《ねが》いをかなえたのに
なぜ兄上《あにうえ》はそれをほめてはくださらないのだ
……っ
……
戦《いくさ》の天才《てんさい》といわれいつも元気《げんき》いっぱいだった義経《よしつね》さまがこんなにへこんでしまわれて……
なにかしてあげられることはないか……
会《あ》えないならお手紙《てがみ》書けば?
え?
ごめんネ
お手紙《てがみ》であやまっちゃえばいいよ
文《ふみ》か……!
しかし鎌倉《かまくら》に入《はい》れないのではとどけることができない
……

エマとケンジに持《も》たせては?
彼《かれ》らなら子《こ》どもだし顔《かお》を知《し》られておらぬから鎌倉《かまくら》に入《はい》れよう
それだっ!
義経《よしつね》さま!
うむ! 文《ふみ》で気持《きも》ちをお伝《つた》えできれば誤解《ごかい》も解《と》けよう
やってくれるか ケンジ エマ?
うん! まかせてよ!
ええっ!?
よし! わたしの思《おも》いを言《い》うから書《か》きとめてくれ!
承知《しょうち》
パッ
か……勝手《かって》に決《き》めるなよ~
いーから いーから♥

次《つぎ》の日《ひ》の朝《あさ》――
たのむぞ ふたりとも!
鎌倉《かまくら》はここから山道《やまみち》を歩《ある》いて2時間《じかん》ほどだ
それとエマ!
なーにー?
頼朝《よりとも》さまは厳《きび》しいお方《かた》だ お会《あ》いしているあいだ おふざけはなしだぞ!
だーいじょーぶだって! まかせてヨ!
行《い》くよ ケンジ! れっつらごー!!
ま…まって~
……不安《ふあん》だなぁ
ザザ――…

あ！
あれ
江《え》の島《しま》だ！
夏休《なつやす》みに
家族《かぞく》と来《き》たこと
あるけど
今《いま》と同《おな》じだね
富士山《ふじさん》も
見《み》える～♥
うわー
なにこの道《みち》
すご～い！
ボルダリング
するー♪
あ あぶない
よせ……
がっ
ゴンッ
ツツツ～～～～
ゴロゴロ～
山《やま》をけずった
のかな……？
こんな道《みち》でしか
出入《でい》りできないんだ
鎌倉《かまくら》って……

ピー
ヒョロロロロ～～…
あっ
町《まち》が見《み》えてきたよ！
うわ～
おっきい神社《じんじゃ》だぁ～♪

人《ひと》もいっぱい～♥
ここが鎌倉《かまくら》かな？
ガヤ
ガヤ
ねーケンジ……
……2時間《じかん》とは聞《き》いてたけど……
ずっと山道《やまみち》なんて聞《き》いてないよ……
はー
ぜへー
ぜはー
ヒー
平氏《へいし》も防《ふせ》いだ天然《てんねん》の要塞《ようさい》はボクにはきびしすぎた
エマ……
あとは……
たのん……
ブル
ブル
だ……っ
あーもう弱《よわ》っちいなぁ～……
ガクッ

あちこちで おうち建《た》ててる～
トン
カン
トン
カン
この町《まち》はまだ これからなんだね
それに 貴族《きぞく》はいないし 京《きょう》にあったような 立派《りっぱ》な館《やかた》もないね……
武士《ぶし》による新《あたら》しい社会《しゃかい》の中心《ちゅうしん》が ここ鎌倉《かまくら》なんだ
だから 鎌倉《かまくら》時代《じだい》って いうんだ……!

……で
頼朝《よりとも》さんの館《やかた》はどこだろう……？
あそこに武士《ぶし》がいるよ 聞《き》いてみよう～♥
ぬわにぃぃぃ～
ギロッ
頼朝《よりとも》どのの館《やかた》だと!?
頼朝《よりとも》どのに何用《なによう》じゃ!? あやしいやつめ よもや頼朝《よりとも》どのの命《いのち》をねらう気《き》か……っ
ちっ ちがいますっ ボクはその あのそのえーと ……
ぬ゛ーーーん
ヒイィ～
がっはっは
じょうだんじゃ♥
そんなわけないわな こんな子《こ》どもが!
エマたち お手紙《てがみ》をね～

どんな用《よう》か知《し》らんが館《やかた》はあちらじゃ
気《き》をつけていけよー
ありがとう～
ここだあ！
や……やっとついた……
鎌倉《かまくら》って山道《やまみち》と坂《さか》だらけでもうヤダ……
はひ～～
ぺたん
ほとんど自分《じぶん》で歩《ある》いてないじゃんケンジ～

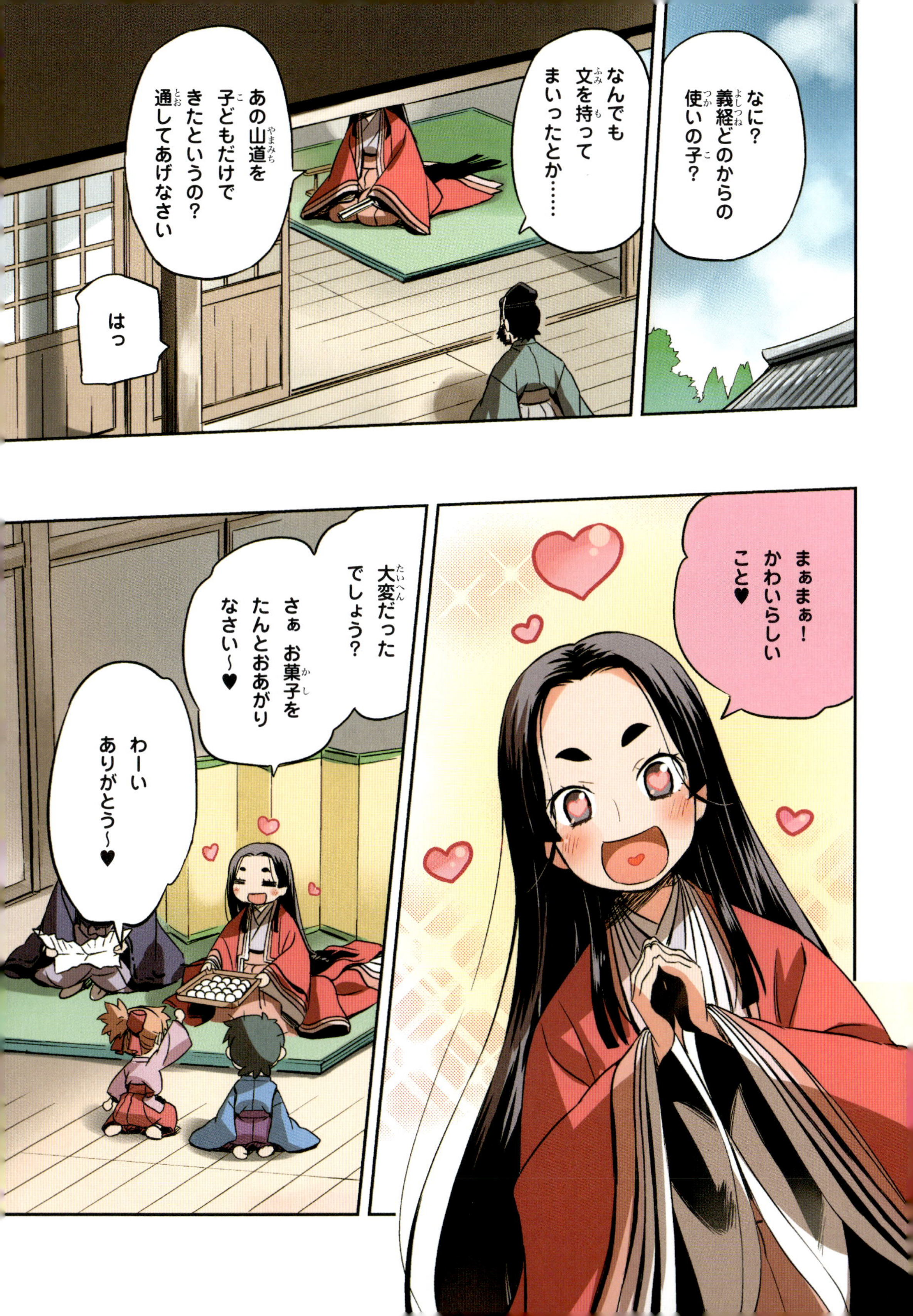

なに？義経《よしつね》どのからの使《つか》いの子《こ》？
なんでも文《ふみ》を持《も》ってまいったとか……
あの山道《やまみち》を子《こ》どもだけできたというの？通《とお》してあげなさい
はっ
まぁまぁ！かわいらしいこと♥
大変《たいへん》だったでしょう？
さぁ お菓子《かし》をたんとおあがりなさい～♥
わーい ありがとう～♥

わたくしは北条政子《ほうじょうまさこ》じゃ
こちらが夫《おっと》の源《みなもとの》頼朝《よりとも》……
もぐ もぐ もぐ
源《みなもとの》頼朝《よりとも》
北条政子《ほうじょうまさこ》
……って これ あなた! お客人《きゃくじん》を ほったらかしに しない! 文《ふみ》を読《よ》むのは あとになさいっ
びくっ
キーッ
んん? そう怒《おこ》るな 政子《まさこ》……
ほら! 読《よ》みながら 食《た》べない! お行儀《ぎょうぎ》が悪《わる》い!
クチについてますヨッ
わかった わかったよ……
……なんかオッサンの イメージ映像《えいぞう》と 全然《ぜんぜん》ちがうなぁ……

兄上《あにうえ》どの
位《くらい》をもらったのは
戦《いくさ》のほうびを
受《う》け取《と》っただけであり
兄上《あにうえ》を裏切《うらぎ》るつもりなど
決《けっ》してありません
わたしは平氏《へいし》を滅《ほろ》ぼし
源氏《げんじ》の世《よ》にするという
兄上《あにうえ》の目標《もくひょう》のため
全力《ぜんりょく》で戦《たたか》い
実現《じつげん》しました
それなのに
兄上《あにうえ》はなぜ そう
お怒《いか》りになるの
でしょう……
……
フウ…
このような子《こ》どもを
使《つか》いによこし
文《ふみ》にはいいわけ
だらけか……
義経《よしつね》もつくづく
考《かんが》えなしの男《おとこ》よ……
よっちゃ……
義経《よしつね》さまは
本当《ほんとう》に
がんばってたよ！
い いつも
「源氏《げんじ》のため」
「兄上《あにうえ》のため」と
言《い》っていました……
わかって
おる
わたしは義経《よしつね》が
裏切《うらぎ》ったと思《おも》って
怒《おこ》っておるのでは
ない……
えっ？

あいつは単純《たんじゅん》な男《おとこ》だ 源氏《げんじ》のためと信《しん》じてやったことだろう
だが わたしの許可《きょか》なく位《くらい》をもらったということは
勝手《かって》に朝廷《ちょうてい》のけらいになったということだ
グシャ!
それでは平氏《へいし》と同《おな》じではないか……!
武士《ぶし》の世《よ》のてっぺんはこの頼朝《よりとも》ただひとり!!
京《きょう》の貴族《きぞく》の息《いき》がかかった者《もの》など鎌倉《かまくら》には不要《ふよう》じゃ!!
あなた! そんな大声《おおごえ》を出《だ》してはこの子《こ》たちがこわがるでしょうっ!!
びく
びく
うっ…… ごめん……
と とにかく義経《よしつね》を鎌倉《かまくら》に入《い》れることはできない
コホン
おまえたちと行《い》き違《ちが》いになったが もう そう書《か》いた手紙《てがみ》を義経《よしつね》に送《おく》っておる

せっかく来《き》てもらったのにすまなんだな……
馬《うま》を用意《ようい》しよう気《き》をつけて腰越《こしごえ》に帰《かえ》るがよい
……
……
なんかかわいそうだねよっちゃん……
うん……
トボ
トボ
でも頼朝《よりとも》さんが言《い》うこともわかる気《き》がする……
武士《ぶし》の世《よ》にするためには貴族《きぞく》のけらいになっちゃダメなんだよきっと……
あぶなーい!
わあああああっ!?
ガゴッ
へ?
ドカーン!

鎌倉幕府《かまくらばくふ》の成立《せいりつ》としくみ

① 鎌倉幕府《かまくらばくふ》はいつできた？

鎌倉時代《かまくらじだい》は、源頼朝《みなもとのよりとも》によってつくられた武家政権《ぶけせいけん》の鎌倉幕府《かまくらばくふ》があった時代《じだい》のことを指《さ》します。ところが、この鎌倉幕府《かまくらばくふ》がいつ始《はじ》まったのかについては、いろいろな説《せつ》があります。少《すこ》し前《まえ》までは、頼朝《よりとも》が征夷大将軍《せいいたいしょうぐん》になった1192（建久《けんきゅう》3）年《ねん》が鎌倉幕府《かまくらばくふ》の始《はじ》まりだと教科書《きょうかしょ》などに書《か》かれていましたが、最近《さいきん》では、平氏《へいし》を滅《ほろ》ぼし、全国《ぜんこく》に守護《しゅご》・地頭《じとう》（→158ページ）を置《お》いた1185（文治《ぶんじ》1）年《ねん》が鎌倉幕府《かまくらばくふ》の始《はじ》まりだという説《せつ》が有力《ゆうりょく》になっています。

そのほかにもこんな説《せつ》があるのじゃ！

○1180（治承《じしょう》4）年説《ねんせつ》○
頼朝《よりとも》が鎌倉《かまくら》を本拠地《ほんきょち》として、南関東《みなみかんとう》や東海道東部《とうかいどうとうぶ》を実質的《じっしつてき》に支配《しはい》した年《とし》

○1183（寿永《じゅえい》2）年説《ねんせつ》○
頼朝《よりとも》が東国《とうごく》を支配《しはい》することを朝廷《ちょうてい》から認《みと》められた年《とし》

○1190（建久《けんきゅう》1）年説《ねんせつ》○
頼朝《よりとも》が朝廷《ちょうてい》から右近衛大将《うこのえのたいしょう》という役職《やくしょく》に任命《にんめい》された年《とし》

もの知《し》りコラム

征夷大将軍《せいいたいしょうぐん》って何《なに》？

1192年《ねん》、源頼朝《みなもとのよりとも》は朝廷《ちょうてい》から征夷大将軍《せいいたいしょうぐん》に任命《にんめい》されました。征夷大将軍《せいいたいしょうぐん》というのは、もともとは蝦夷《えみし》（東北地方《とうほくちほう》に住《す》んでいて、朝廷《ちょうてい》に従《したが》っていなかった人々《ひとびと》）を征伐《せいばつ》する軍隊《ぐんたい》を指揮《しき》する役職《やくしょく》でした。ところが、頼朝以降《よりともいこう》は武家政権《ぶけせいけん》のトップが任命《にんめい》されるものとなり、略《りゃく》して「将軍《しょうぐん》」とも呼《よ》ばれるようになりました。

将軍《しょうぐん》は、鎌倉幕府《かまくらばくふ》のあとの室町幕府《むろまちばくふ》と江戸幕府《えどばくふ》にかけておよそ680年《ねん》もの間《あいだ》、任命《にんめい》され続《つづ》けました。

最後《さいご》の将軍《しょうぐん》は
江戸幕府《えどばくふ》
15代将軍《だいしょうぐん》の
この私《わたし》です

徳川慶喜《とくがわよしのぶ》（1837～1913年《ねん》）
頼朝《よりとも》が征夷大将軍《せいいたいしょうぐん》に任命《にんめい》された674年後《ねんご》に将軍《しょうぐん》になった

国会図書館HPから

② 鎌倉幕府《かまくらばくふ》のしくみ

武家政権《ぶけせいけん》である鎌倉幕府《かまくらばくふ》の基本《きほん》は、将軍《しょうぐん》と将軍《しょうぐん》に従《したが》う武士《ぶし》（御家人《ごけにん》）との「御恩《ごおん》と奉公《ほうこう》」による主従《しゅじゅう》関係《かんけい》から成《な》り立《た》っています。

頼朝《よりとも》によって始《はじ》められた鎌倉幕府《かまくらばくふ》は、やがて有力《ゆうりょく》な御家人《ごけにん》で頼朝《よりとも》の妻《つま》・政子《まさこ》の実家《じっか》である北条氏《ほうじょうし》が実権《じっけん》を持《も》つようになっていきました。

北条氏《ほうじょうし》は将軍《しょうぐん》の力《ちから》を弱《よわ》めていき、自《みずか》らは執権《しっけん》という将軍《しょうぐん》の補佐役《ほさやく》を独占《どくせん》して、鎌倉幕府《かまくらばくふ》の事実上《じじつじょう》のリーダーとなりました。執権《しっけん》の北条氏《ほうじょうし》による政治《せいじ》は、「執権政治《しっけんせいじ》」と呼《よ》ばれます。

鎌倉幕府《かまくらばくふ》の主《おも》な組織《そしき》

13世紀前半頃《せいきぜんはんごろ》

- 将軍《しょうぐん》
  - 執権《しっけん》
    - 中央《ちゅうおう》
      - 侍所《さむらいどころ》（御家人《ごけにん》の管理《かんり》や軍事《ぐんじ》）
      - 政所《まんどころ》（幕府《ばくふ》の財政《ざいせい》など）
      - 問注所《もんちゅうじょ》（裁判《さいばん》）
    - 地方《ちほう》
      - 六波羅探題《ろくはらたんだい》（京《きょう》の警備《けいび》や朝廷《ちょうてい》の監視《かんし》など）
      - 守護《しゅご》（地方《ちほう》の軍事《ぐんじ》や警察《けいさつ》）
      - 地頭《じとう》（荘園《しょうえん》の管理《かんり》や税《ぜい》の取《と》り立《た》て、警察《けいさつ》など）

もの知りコラム

3代《だい》で終《お》わった源氏《げんじ》の将軍《しょうぐん》

1199（建久《けんきゅう》10）年《ねん》に頼朝《よりとも》が亡《な》くなったあと、長男《ちょうなん》の頼家《よりいえ》、そのあとは次男《じなん》の実朝《さねとも》が将軍《しょうぐん》を継《つ》ぎました。

ところが、1219（建保《けんぽう》7）年《ねん》、実朝《さねとも》は兄《あに》・頼家《よりいえ》の子《こ》である公暁《くぎょう》に暗殺《あんさつ》されてしまいます。実朝《さねとも》には子《こ》どもがいなかったために、源氏《げんじ》の将軍《しょうぐん》は途絶《とだ》え、鎌倉幕府《かまくらばくふ》の将軍《しょうぐん》はこのあと、名門貴族《めいもんきぞく》で源氏《げんじ》と関係《かんけい》の深《ふか》かった藤原氏《ふじわらし》や、天皇《てんのう》の皇子《おうじ》などが次々《つぎつぎ》に就任《しゅうにん》しました。

将軍《しょうぐん》は実権《じっけん》のない存在《そんざい》になってしまい、執権《しっけん》の北条氏《ほうじょうし》の権力《けんりょく》がますます強《つよ》くなっていきました。

鎌倉幕府《かまくらばくふ》の将軍《しょうぐん》

初代《しょだい》・源　頼朝《みなもとのよりとも》 → 2代《だい》・源　頼家《みなもとのよりいえ》 → 3代《だい》・源　実朝《みなもとのさねとも》 → 4代《だい》・藤原頼経《ふじわらのよりつね》 → 5代《だい》・藤原頼嗣《ふじわらのよりつぐ》 → 6代《だい》・宗尊親王《むねたかしんのう》 → 7代《だい》・惟康親王《これやすしんのう》 → 8代《だい》・久明親王《ひさあきしんのう》 → 9代《だい》・守邦親王《もりくにしんのう》

源氏《げんじ》でなくていいならエマも将軍《しょうぐん》になれるの？

10章《しょう》 さようなら 義経《よしつね》

た 大変《たいへん》だぁ!
ワァ
ア
だれか材木《ざいもく》の下敷《したじ》きになったぞ〜!
子《こ》どもじゃないか? 子《こ》どもと馬《うま》が下《した》に……っ
あ…… あれえ?
なんだ 馬《うま》だけじゃないか
おかしいなぁ……
子《こ》どもふたりが馬《うま》に乗《の》っていたような……
ヒヒ〜…ン

わああああーっっ!?
ど どうして急《きゅう》にワープを……!?
ウム 不調《ふちょう》で寝《ね》ておったんだが
子《こ》どもの生命《せいめい》に危機《きき》がおよんだ時《とき》の緊急避難《きんきゅうひなん》モードが発動《はつどう》したんじゃ
今度《こんど》こそ完全復活《かんぜんふっかつ》したぞ！
キキイッパツだったな
……てかオッサン壊《こわ》れてたんじゃないの……?
だがバスに戻《もど》るには一度《いちど》どこかにおりて再《さい》チャージせねばならん
どこか好《す》きなところを言《い》うのだ～！
ええ!? そんなこと言《い》われても……
ん～好《す》きなところか……
あっ♥
キラッ

今《いま》 キンピカのきれーな建物《たてもの》が見《み》えたー!!
あそこにしよう♥
ふむ……あのワープホールは1189年《ねん》の奥州平泉《おうしゅうひらいずみ》じゃな
よかろう!
おうしゅうひらいずみ……?
あっ!
ひらいずみ?
えっ
奥州平泉《おうしゅうひらいずみ》を知《し》らない!?
黄金《おうごん》の都《みやこ》といわれている豊《ゆた》かな場所《ばしょ》だぞ!
タイムーーイ~ン!!
ガッ
ブワッ

なっ なんでこんな 高《たか》い空《そら》から〜〜〜〜!?
わあああ
しゅるる…
落《お》ちる〜〜〜 死《し》ぬかも〜っっ
ああ
ブブッ
!?
心配《しんぱい》するでない わがはいには パラシュート 機能《きのう》もあるんじゃ
出《で》るポイントが ちょっぴり ズレたようだ すまんすまん♥
てへ
ちょっぴり どころじゃ ない〜〜〜!!
バロ
バロ
あれが 奥州平泉《おうしゅうひらいずみ》?
すごーーい!! スカイダイビング だあ〜〜〜♪
大《おお》きいじゃろう? この時代《じだい》では 京《きょう》の次《つぎ》に 栄《さか》えておった大都市《だいとし》 なんじゃよ

うわぁ……!
すごーい キンキラキン だぁ～♥
中尊《ちゅうそん》寺《じ》金色堂《こんじきどう》じゃ!
21世紀《せいき》の 岩手県《いわてけん》にも 残《のこ》されておるゾ 国宝《こくほう》として大事《だいじ》に されとるんじゃな
治郎《じろう》が 言《い》ってたとおり 黄金《おうごん》の都《みやこ》だぁ～♥
ひゃー♥
治郎《じろう》や義経《よしつね》さんたち 今頃《いまごろ》どうしてるん だろう……
あれから4年《ねん》 たったことになるけど まだ頼朝《よりとも》さんと ケンカしてるのかな……?
ふむ そのあいだに 義経《よしつね》がどうなったか わがはいが教《おし》えて あげようではないか!
えっ オッサン わかるの!?
むろんじゃ! わがはいは本来《ほんらい》 日本史勉強用《にほんしべんきょうよう》 タブレットだからな!

えーまず……
腰越で待っていた義経一行だったが、非情にも頼朝からは「京に戻れ」との連絡があるのみであった。納得のいかない義経は、つい愚痴がてら「兄上にうらみのある者たちは、わたしとともに京に行こう。京で頑張っていれば、きっと兄上は許してくれる」と言ったという。この義経の愚痴を伝え聞いた頼朝は、「とうとう義経の本音が出たな！　あいつはいつかわたしを裏切る！　許せん！」と激怒。ただし、その激怒が本当だったのか、単なるポーズだったのかは、他者にはあずかり知らぬことではある。ともかくこの件で、頼朝は義経に与えていた西国の領地をすべて取り上げた。これはつまり、頼朝がつくろうとしている武士社会に、義経の居場所はなくなったということを意味しているのであるが、義経はそのことを理解できず、京に戻ると貴族や朝廷で相変わらずチヤホヤされ、検非違使の仕事に励んでいた。このころまでの義経は、まだ「いつかきっと兄上は許してくれる」と思っていたと想定される。ところがそのころ、かつて「以仁王の令旨」を持って、全国の源氏に平氏打倒の挙兵を促していた源行家が頼朝と仲違いし、義経に接触、頼朝打倒の話をしに来た。義経がこの話に乗ったかどうかは不明だが、鎌倉の頼朝はこれを知ると「義経が私を討とうと
ベラベラ
……
むずかしくて
わけわかんない
もっとやさしく
説明《せつめい》して
ブーブー
マンガとか
アニメで
マンガ!?
アニメ!?
し
しょうが
ないの～……
では　紙芝居《かみしばい》で
どうじゃ……?
えー
紙芝居《かみしばい》～?
オッサン
くさ～い……
文句《もんく》を言《い》うで
ないわ――!!
―てなワケで
はじまりはじまり～♥
グレートOS大先生《オーエスだいせんせい》の
パーフェクト紙芝居《かみしばい》
「義経《よしつね》　平泉《ひらいずみ》までのサバイバル！」
腰越《こしごえ》で待《ま》つ義経《よしつね》に
兄《あに》・頼朝《よりとも》から届《とど》いた
手紙《てがみ》は「京《きょう》に戻《もど》れ」
というものであった!
納得《なっとく》いかない
義経《よしつね》は
つい愚痴《ぐち》を
こぼしてしまう
兄上《あにうえ》の
わからずや!

しかたない…… とりあえず京《きょう》に 戻《もど》ろう…… 兄上《あにうえ》に不満《ふまん》の ある者《もの》は わたしと来《く》るがいい
京《きょう》
みんなで 京《きょう》でがんばれば いずれ認《みと》めて くれるはず……
ところが……! それを聞《き》いた頼朝《よりとも》は こう考《かんが》えた
なにっ
わたしに うらみのある者《もの》を 京《きょう》に集《あつ》めておるだと!?
義経《よしつね》め わたしを逆恨《さかうら》みして 裏切《うらぎ》るつもりか ……!?
怒《おこ》った頼朝《よりとも》は 義経《よしつね》の暗殺《あんさつ》を 計画《けいかく》するが失敗《しっぱい》
頼朝《よりとも》に命《いのち》をねらわれたと 知《し》った義経《よしつね》は ついに兄《あに》と戦《たたか》う決心《けっしん》を するのであった!
もはやわれわれは 兄弟《きょうだい》ではない! 戦《いくさ》の準備《じゅんび》だ! 頼朝《よりとも》め…… やっつけてやる!!
しかし 義経《よしつね》のほうには 武士《ぶし》は思《おも》ったほど 集《あつ》まらず
ぐっ
すこーーーん
ドヤア〜
ズラ〜〜〜!
頼朝《よりとも》のほうには 「御恩《ごおん》と奉公《ほうこう》」の しくみの力《ちから》で たくさんの武士《ぶし》が 集《あつ》まった
さらに頼朝《よりとも》は 義経《よしつね》を追《お》うことを口実《こうじつ》に 地方《ちほう》に「守護《しゅご》」と 「地頭《じとう》」を置《お》き
・守護《しゅご》 地方《ちほう》を守《まも》る警察《けいさつ》の ような役《やく》
・地頭《じとう》 地方《ちほう》の領地《りょうち》の管理《かんり》 や税《ぜい》の取《と》り立《た》て役《やく》
まんまと自分《じぶん》を 頂点《ちょうてん》にした 武士《ぶし》による支配体制《しはいたいせい》を つくったのであった
ふふふ… 義経《よしつね》の存在《そんざい》を うまく利用《りよう》して やったわ

こうして初《はじ》めての武士《ぶし》の政府《せいふ》・鎌倉幕府《かまくらばくふ》が誕生《たんじょう》し いよいよ鎌倉時代《かまくらじだい》が始《はじ》まったのであった！
とうとう鎌倉《かまくら》と京《きょう》から追《お》われることになってしまった……
とのが昔《むかし》お世話《せわ》になった奥州平泉《おうしゅうひらいずみ》に逃《に》げましょう！ あそこはまだ幕府《ばくふ》の支配下《しはいか》になっておりません
がっくり…
山伏《やまぶし》に変装《へんそう》して…
こうして義経一行《よしつねいっこう》の平泉《ひらいずみ》へのサバイバルが始《はじ》まったのである……！
そう…… 平泉《ひらいずみ》に無事《ぶじ》たどりつくまでの1年《ねん》は 本当《ほんとう》に大変《たいへん》だったよ……
ザッ
びくっ
!?
え……!?
も もしかして……
治郎《じろう》!?
だ だれ……!?
ひさしぶりだな ケンジ エマ

また会《あ》えたな！
空《そら》からあやしいものがふってきたと聞《き》いて調《しら》べにきたのだまさか おまえたちとはな
やっぱり治郎《じろう》だ～♥
何度《なんど》も消《き》えたり現《あらわ》れたりいつまでも子《こ》どものままだったり不思議《ふしぎ》なやつらだなぁ
来《こ》いよその続《つづ》きを聞《き》かせてやろう
義経《よしつね》さまもよろこぶ
元気《げんき》そうでなによりだふたりとも！
会《あ》いたかったぞ腰越《こしごえ》での文《ふみ》めんどうをかけてすまなかったな
いつも同《おな》じですまんが草《くさ》もちでも食《た》べてくれ

あいかわらず
おいしー♥
うまい
だろう?
わたしがヨモギを採《と》ってきて
弁慶《べんけい》どのがつき
義経《よしつね》さまが丸《まる》めて
こさえた草《くさ》もちなのだ♪
こうすれば
食《た》べやすくて
みんなにウケる
よ~♥
むぅ!?
なるほど
これはいい
考《かんが》え
すごい!
売《う》っても
いいかも
!
もし わたしが
源氏《げんじ》にも
戦《いくさ》の世《よ》にも
生《う》まれなければ
この地《ち》で
草《くさ》もちでも売《う》りながら
心静《こころしず》かにすごせたかもしれぬ……
あきらめなさるな との
いざとなれば
さらに北《きた》の国《くに》に……
ふ……
どこまでも
逃《に》げの一手《いって》か……
いっそ
大陸《たいりく》にでも
渡《わた》るか
そこで新《あら》たな
国《くに》を築《きず》くのも
おもしろいかも
しれん
との……

ここ 平泉《ひらいずみ》なら安心《あんしん》だから逃《に》げてきたんじゃないんですか?
うむ……
藤原秀衡《ふじわらのひでひら》
奥州藤原氏《おうしゅうふじわらし》の先代《せんだい》の領主《りょうしゅ》・秀衡《ひでひら》どのはわたしを小《ちい》さな頃《ころ》から守《まも》ってくださり信用《しんよう》できたが
後《あと》を継《つ》いだ秀衡《ひでひら》どのの息子《むすこ》・泰衡《やすひら》どのは……
泰衡《やすひら》どの
また頼朝《よりとも》から義経《よしつね》を引《ひ》き渡《わた》すよう文《ふみ》が来《き》ました……
もう義経《よしつね》どのを引《ひ》き渡《わた》してしまいましょう!
これだけ鎌倉《かまくら》から文《ふみ》が来《き》ているのになにもしないというのは……
義経《よしつね》どのがいるかぎり頼朝《よりとも》はいつか奥州《おうしゅう》を攻撃《こうげき》してきますぞ!
頼朝《よりとも》を本気《ほんき》で怒《おこ》らせてはまずい……
しかたない……頼朝《よりとも》と戦《たたか》うよりは
奥州藤原氏《おうしゅうふじわらし》領主《りょうしゅ》・藤原泰衡《ふじわらのやすひら》
義経《よしつね》を討《う》ったほうが楽《らく》……

ザワ…
ム!
……なにか
外《そと》が騒《さわ》がしい
ですぞ
大変《たいへん》です!
館《やかた》の周囲《しゅうい》を兵士《へいし》に
囲《かこ》まれています!!
なに!?
まさか 頼朝《よりとも》の
軍《ぐん》か……?
いいえ
泰衡《やすひら》どのの
兵《へい》たちです!
泰衡《やすひら》どの……
やはり 頼朝《よりとも》に
わたしを売《う》ったか!
義経《よしつね》どのを
出《だ》せ!
奥州《おうしゅう》のために
犠牲《ぎせい》になって
いただく!

……おろか者《もの》め わたしを売《う》っても 頼朝《よりとも》はこの地《ち》に 攻《せ》めてくるのに！
との！ とにかく この館《やかた》を 出《で》ましょう！
ケンジ エマも 来《こ》い！
いかん！ 裏手《うらて》にも ……！
ワー
ワー
ワー
治郎《じろう》 義経《よしつね》さまと 子《こ》どもらを 持仏堂《じぶつどう》へ！
ここは わしが 食《く》い止《と》める！
来《こ》い 雑兵《ぞうひょう》ども！
ドン！
ここを通《とお》りたくば この武蔵坊弁慶《むさしぼうべんけい》を たおしてみい！
ひいい……っ もう戦《いくさ》には 巻《ま》き込《こ》まれないと 思《おも》ったのに～
おまえたちは いつもの 姿《すがた》を消《け》す技《わざ》で ここを去《さ》れ！
わたしたちの 争《あらそ》いにつきあう ことはない

そ そうだ! オッサン!! ワープを……っ
治郎《じろう》たちはどうするの?
わたしたちのことはいいから!
オッサン! 生命《せいめい》の危機《きき》だよ 早《はや》くワープを……
うむぅ そうしたいんじゃが……
ワープするにはまだチャージがあと数分足《すうふんた》りん!
ガーン
ええ〜〜〜!?
ズドッ
!?
火矢《ひや》だ! 建物《たてもの》ごと焼《や》き殺《ころ》す気《き》か!
外《そと》も完全《かんぜん》に囲《かこ》まれた!
ボオォオオ…
も…… もうダメだぁぁ〜〜〜っっ
…… ここまでか……っ
パアア

ゴ
オ
な なんだ あれは……!?
も もののけ だあああっ
オ
オ
オ
オ
オ
ケンジ! エマ!
先生《せんせい》!!

バスにつかまれ〜〜〜!!
ぐいい
はいっ……って
と とどき ません〜……っ
うりゃあああっ
飛《と》べええ〜っ!!!
ガッ
ブーン
わあああっ!?
あっ!?
ポロッ
オ
オッサ〜ン!
ア〜レ〜〜

さらばだ ケンジ！ エマ！
もし また会《あ》えたら 草《くさ》もちを 食《た》べようぞ！
さらばだーー!!
治郎《じろう》〜!!
弁慶《べんけい》さ〜ん!!
よっちゃ〜〜〜ん!!!
——こうして バスに ボクらがいないことに 気《き》づいてくれた 先生《せんせい》たちに救《すく》われて
エマとボクは 元《もと》の時代《じだい》に 戻《もど》ることができました
……

戻《もど》るバスの中《なか》で
けっきょく平泉《ひらいずみ》は
頼朝《よりとも》さんに攻《せ》められて
奥州藤原《おうしゅうふじわら》氏《し》は
滅《ほろ》びたことを知《し》りました
義経《よしつね》？
平泉《ひらいずみ》で
自害《じがい》したけど
生《い》きのびたという
伝説《でんせつ》もあるさ
本当《ほんとう》は
どうなったのかな
義経《よしつね》さんたち
きっと
助《たす》かってるよ！
だって あの人《ひと》たち
超強《ちょうつよ》かったじゃん！
……そうだね
無事《ぶじ》 逃《に》げ出《だ》して
どこかでみんなで
なかよく 草《くさ》もち
食《た》べててほしいな
創業80年
草もち治郎
あっ
あの
お団子屋《だんごや》さん！
草《くさ》もちが
おいしいって
ママが言《い》ってた！
買《か》っちゃ
おうかな～♥
えー!?
買《か》い食《ぐ》いは
いけないんだぞ……
草《くさ》もち
くださ～～い
元祖
治郎もち
¥200/本
いーから
いーから♥
「鎌倉時代《かまくらじだい》へタイムワープ」終《お》わり。

鎌倉幕府《かまくらばくふ》はその後《ご》どうなった？

① 鎌倉幕府《かまくらばくふ》のピンチ その1 承久《じょうきゅう》の乱《らん》

鎌倉幕府《かまくらばくふ》から権力《けんりょく》を取《と》り戻《もど》したいと思《おも》っていた朝廷《ちょうてい》は、1219（建保《けんぽう》7）年《ねん》に3代将軍《だいしょうぐん》・源 実朝《みなもとのさねとも》が暗殺《あんさつ》されて鎌倉幕府《かまくらばくふ》が混乱《こんらん》すると、これをチャンスと見《み》ました。そして、1221（承久《じょうきゅう》3）年《ねん》、朝廷《ちょうてい》のトップである後鳥羽上皇《ごとばじょうこう》は倒幕《とうばく》の兵《へい》を挙《あ》げます。朝廷軍《ちょうていぐん》が攻《せ》めてくることを知《し》った御家人《ごけにん》は動揺《どうよう》しました。

この時《とき》、幕府《ばくふ》のピンチを救《すく》ったのが北条政子《ほうじょうまさこ》でした。「今《いま》こそ頼朝様《よりともさま》の御恩《ごおん》に報《むく》いる時《とき》！」政子《まさこ》は御家人《ごけにん》を集《あつ》めて大演説《だいえんぜつ》を行《おこな》いました。この演説《えんぜつ》で心《こころ》が1つにまとまった御家人《ごけにん》たちは、朝廷軍《ちょうていぐん》を打《う》ち破《やぶ》りました。

頼朝《よりとも》の妻《つま》・北条政子《ほうじょうまさこ》です！わたしの演説《えんぜつ》は有名《ゆうめい》なのよ

② 鎌倉幕府《かまくらばくふ》のピンチ その2 モンゴル軍《ぐん》の襲来《しゅうらい》！

鎌倉幕府《かまくらばくふ》が開《ひら》かれておよそ90年後《ねんご》、日本《にほん》に大《おお》きな危機《きき》が訪《おとず》れました。海《うみ》を越《こ》えてやってきたモンゴル（元《げん》）軍《ぐん》の襲来《しゅうらい》です。このピンチに対応《たいおう》した時《とき》の鎌倉幕府《かまくらばくふ》のリーダーは、若《わか》き執権《しっけん》・北条時宗《ほうじょうときむね》でした。

モンゴル帝国《ていこく》は、13世紀《せいき》の初《はじ》めに初代皇帝《しょだいこうてい》チンギス＝ハーンによってつくられました。モンゴル帝国《ていこく》は領土《りょうど》を大《おお》きく広《ひろ》げていき、5代皇帝《だいこうてい》フビライ＝ハーンの時《とき》に中国北部《ちゅうごくほくぶ》を支配《しはい》し、国名《こくめい》を元《げん》としました。そして、日本《にほん》も従《したが》えようと大軍《たいぐん》を差《さ》し向《む》けたのです。

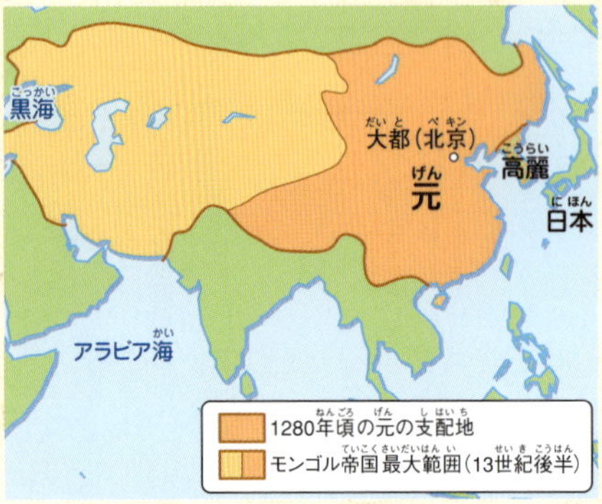
黒海《こっかい》
大都《だいと》（北京《ペキン》）
高麗《こうらい》
元《げん》
日本《にほん》
アラビア海《かい》
1280年頃《ねんごろ》の元《げん》の支配地《しはいち》
モンゴル帝国最大範囲《ていこくさいだいはんい》（13世紀後半《せいきこうはん》）

モンゴル軍《ぐん》は、12

74（文永《ぶんえい》11）年《ねん》と1281（弘安《こうあん》4）年《ねん》の2度《ど》、やってきました。それぞれの年号《ねんごう》を取《と》って、「文永《ぶんえい》の役《えき》」「弘安《こうあん》の役《えき》」といいます。

最初《さいしょ》の文永《ぶんえい》の役《えき》では、日本軍《にほんぐん》はモンゴル軍《ぐん》の強《つよ》さにさんざん苦《くる》しめられましたが、モンゴル軍《ぐん》は暴風雨《ぼうふうう》などのために引《ひ》き揚《あ》げていきました。次《つぎ》の弘安《こうあん》の役《えき》では、幕府《ばくふ》は事前《じぜん》に海岸《かいがん》に防御用《ぼうぎょよう》の石塁《せきるい》をつくり襲来《しゅうらい》に備《そな》えていました。また、戦《たたか》いでは御家人《ごけにん》たちが奮戦《ふんせん》し、モンゴル軍《ぐん》の上陸《じょうりく》を許《ゆる》しませんでした。そして、海上《かいじょう》に足止《あしど》めされたモンゴル軍《ぐん》は、またもや暴風雨《ぼうふうう》によって大《おお》きな被害《ひがい》を受《う》け、引《ひ》き揚《あ》げていきました。

モンゴル軍《ぐん》の襲来《しゅうらい》の様子《ようす》が描《えが》かれた「蒙古襲来絵巻《もうこしゅうらいえまき》」

モンゴル軍《ぐん》は、強力《きょうりょく》な弓矢《ゆみや》や「てつはう」と呼《よ》ばれる火器《かき》、集団戦法《しゅうだんせんぽう》などを使《つか》い、日本《にほん》の戦争《せんそう》とは異《こと》なる戦《たたか》い方《かた》で日本軍《にほんぐん》を苦《くる》しめた

筑波大学附属図書館蔵

③鎌倉幕府《かまくらばくふ》の滅亡《めつぼう》！

13世紀後半以降《せいきこうはんいこう》、鎌倉幕府《かまくらばくふ》の御家人《ごけにん》たちは、子孫《しそん》が増《ふ》えるごとに領地《りょうち》をどんどん分《わ》けていったため、生活《せいかつ》が苦《くる》しくなっていました。その一方《いっぽう》で権力《けんりょく》や富《とみ》を独占《どくせん》する北条氏《ほうじょうし》への反感《はんかん》が高《たか》まっていきました。

そんななか、政権《せいけん》を朝廷《ちょうてい》の手《て》に取《と》り戻《もど》そうとして、後醍醐天皇《ごだいごてんのう》が倒幕《とうばく》に立《た》ち上《あ》がります。後醍醐《ごだいご》天皇《てんのう》に、楠木正成《くすのきまさしげ》や幕府《ばくふ》の有力御家人《ゆうりょくごけにん》・足利尊氏《あしかがたかうじ》が味方《みかた》しました。そして、1333（元弘《げんこう》3）年《ねん》、鎌倉幕府《かまくらばくふ》は滅《ほろ》びました。

楠木正成《くすのきまさしげ》の像《ぞう》

正成《まさしげ》は、「悪党《あくとう》」と呼《よ》ばれる新《あたら》しいタイプの武士《ぶし》だった

写真：朝日新聞社

教《おし》えて!! 河合《かわい》先生《せんせい》

鎌倉時代《かまくらじだい》おまけ話《ばなし》

ぼくといっしょに、
タイムワープの冒険《ぼうけん》を振《ふ》り返《かえ》ろう。
マンガの裏話《うらばなし》や、時代《じだい》にまつわる
おもしろ話《ばなし》も紹介《しょうかい》するよ!

歴史研究家《れきしけんきゅうか》：河合《かわい》 敦《あつし》先生《せんせい》

1 鎌倉時代《かまくらじだい》 ヒトコマ博物館《はくぶつかん》

そこの平氏《へいし》、ここでわしと勝負《しょうぶ》せよ！
笛《ふえ》の名手《めいしゅ》・美少年《びしょうねん》の平敦盛《たいらのあつもり》（あっちゃん）
源氏《げんじ》の武将《ぶしょう》・熊谷直実《くまがいなおざね》

「平家物語絵巻《へいけものがたりえまき》」から　敦盛最期《あつもりさいご》の事《こと》（部分《ぶぶん》）
林原美術館蔵

◀一《いち》の谷《たに》の戦《たたか》いの場《ば》で再会《さいかい》したエマ、ケンジとあっちゃん（平敦盛《たいらのあつもり》・16歳《さい》）。エマは、あっちゃんが京《きょう》に忘《わす》れてきてしまった笛《ふえ》を渡《わた》すことができたのだった……

平敦盛《たいらのあつもり》（あっちゃん）はどうなったのか？

河合先生《かわいせんせい》：エマ、ケンジ、おかえり！　最後《さいご》は危機一髪《ききいっぱつ》だったね。

エマ：オッサン、大丈夫《だいじょうぶ》かな？

わがはいは元気《げんき》じゃ！　そのうち元《もと》の時代《じだい》に戻《もど》るから待《ま》っておれ！

ケンジ：ところで河合先生《かわいせんせい》、一《いち》の谷《たに》の戦《たたか》いの時《とき》に再会《さいかい》した敦盛《あつもり》さん、その後《ご》どうなったか知《し》っていますか？

エマ：エマも気《き》になる！　あの時《とき》、笛《ふえ》を渡《わた》してすぐバイバイしちゃったから。

河合先生《かわいせんせい》：じゃあ、まずはこの絵《え》を見《み》てみよう。平氏《へいし》の繁栄《はんえい》から没落《ぼつらく》までをあらわした『平家物語《へいけものがたり》』を絵《え》にしたものの一部《いちぶ》だよ。巻物《まきもの》に描《えが》かれているから「絵巻《えまき》」というんだ。この場面《ばめん》は、一《いち》の谷《たに》の戦《たたか》い。「敦盛最期《あつもりさいご》」というタイトルがついている。

エマ：あつもりさいご？

河合先生《かわいせんせい》：「最期《さいご》」は命《いのち》が尽《つ》きる時《とき》に使《つか》うことばだよね。残念《ざんねん》ながら敦盛《あつもり》は、このすぐ後《あと》、討《う》たれて亡《な》くなってしまったんだ。

エマ：そんなー!!

あっちゃんにも武士《ぶし》のプライドがあった

▲平敦盛《たいらのあつもり》
（1169～1184年《ねん》）

河合先生《かわいせんせい》：左《ひだり》にいるのが敦盛《あつもり》。馬《うま》で海《うみ》に入《はい》っていっている。この先《さき》に平氏《へいし》の船《ふね》があって、そこへ向《む》かおうとしているんだ。

エマ：右《みぎ》の人《ひと》は？

河合先生《かわいせんせい》：熊谷直実《くまがいなおざね》という源氏《げんじ》の武将《ぶしょう》。手柄《てがら》を立《た》てようと、敦盛《あつもり》を呼《よ》び止《と》めたところだよ。

エマ：あっちゃん、なんで逃《に》げなかったんだろう？

河合先生《かわいせんせい》：平氏《へいし》は貴族《きぞく》のように振《ふ》る舞《ま》っていたけど、それでも一応武士《いちおうぶし》だからね。敦盛《あつもり》も、ここで逃《に》げるわけにはいかなかったんだよ。

ケンジ：ボクなら絶対《ぜったい》逃《に》げます！

河合先生《かわいせんせい》：この後《あと》、海《うみ》から引《ひ》き返《かえ》してきた敦盛《あつもり》を見《み》て、直実《なおざね》はあまりの若《わか》さに驚《おどろ》く。で、逃《に》がしてあげようとするんだけど、敦盛《あつもり》は「いいから早《はや》く討《う》ちとって、手柄《てがら》にしろ」と言《い》い放《はな》つんだ。

エマ：あっちゃん、かわいそう……。

河合先生《かわいせんせい》：ここは逃《に》げられても、別《べつ》の源氏《げんじ》に討《う》たれるとわかっていたんだね。直実《なおざね》は、泣《な》くなく敦盛《あつもり》の首《くび》を取《と》った。そして、笛《ふえ》を見《み》つけて、彼《かれ》が戦場《せんじょう》で笛《ふえ》を吹《ふ》くような優雅《ゆうが》で教養高《きょうようだか》い平氏《へいし》だったと知《し》るんだ。『平家物語《へいけものがたり》』の中《なか》でも、名場面《めいばめん》の1つなんだよ。

2

鎌倉時代《かまくらじだい》

ビックリ報告《ほうこく》

夢《ゆめ》はまぼろしに…… 将軍《しょうぐん》・源実朝《みなもとのさねとも》の鎌倉脱出計画《かまくらだっしゅつけいかく》

源氏《げんじ》のトップなのに武士《ぶし》らしくなかった実朝《さねとも》

源 実朝《みなもとのさねとも》は頼朝《よりとも》の子《こ》で、鎌倉幕府《かまくらばくふ》3代目《だいめ》の将軍《しょうぐん》です。兄《あに》で2代将軍《だいしょうぐん》の頼家《よりいえ》の次《つぎ》に、わずか12歳《さい》で将軍《しょうぐん》になりました。彼《かれ》は、執《しっ》権《けん》（→151ページ）の北条氏《ほうじょうし》に実権《じっけん》をにぎられて政治《せいじ》に対《たい》してやる気《き》を失《うしな》い、和歌《わか》や蹴鞠《けまり》など、京《きょう》の貴族文化《きぞくぶんか》に夢中《むちゅう》の日々《ひび》を過《す》ごしていました。

そんな実朝《さねとも》が25歳《さい》の時《とき》（1216〈建保《けんぽう》4〉年《ねん》）、とある仏師《ぶっし》と出会《であ》います。仏師《ぶっし》は、奈良《なら》の東大寺《とうだいじ》の大仏《だいぶつ》の修復《しゅうふく》をするため、中《ちゅう》国《ごく》（南宋《なんそう》）から来《き》ていました。

神奈川県鎌倉市《かながわけんかまくらし》にある由比ケ浜《ゆいがはま》。実朝《さねとも》はこの海岸《かいがん》に、自分《じぶん》の夢《ゆめ》を浮《う》かべようとしたのか

写真：PIXTA

——実朝様《さねともさま》、あなたの前世《ぜんせ》は、宋《そう》の寺院《じいん》の長老《ちょうろう》です——

仏師《ぶっし》にそう告《つ》げられた実朝《さねとも》は、すっかりそれを信《しん》じ込《こ》みます。そして、宋《そう》に行《い》く気《き》満々《まんまん》になり、仏師《ぶっし》に船《ふね》をつくるよう、依頼《いらい》しました。

母《はは》の北条政子《ほうじょうまさこ》を含《ふく》め、だれもが実朝《さねとも》の計《けい》画《かく》に大反対《だいはんたい》しましたが、いつも素直《すなお》に人《ひと》の意見《いけん》を受《う》け入《い》れていた実朝《さねとも》には珍《めずら》しく、強《ごう》引《いん》に計画《けいかく》を推《お》し進《すす》めました。

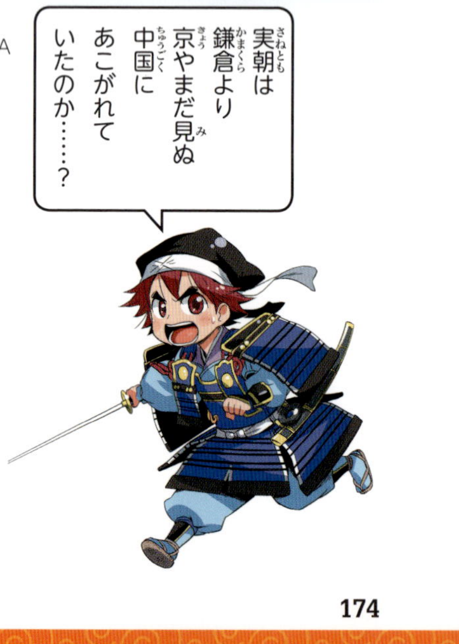
実朝《さねとも》は
鎌倉《かまくら》より
京《きょう》やまだ見《み》ぬ
中国《ちゅうごく》に
あこがれて
いたのか……？

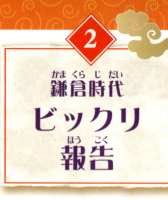

鎌倉《かまくら》よ、さようなら！……のはずだったのに

1年後《ねんご》、たくさんのお金《かね》と多《おお》くの人手《ひとで》をかけた船《ふね》が完成《かんせい》しました。いよいよ、鎌倉《かまくら》にある由比ケ浜《ゆいがはま》に船《ふね》を浮《う》かべる進水式《しんすいしき》の日《ひ》です。しかし……。

巨大《きょだい》な船《ふね》は重《おも》すぎて、砂浜《すなはま》から動《うご》かすことすらできず、海《うみ》に浮《う》かぶことはありませんでした。

こうして、実朝《さねとも》の計画《けいかく》はまぼろしに終《お》わったのです。

船出《ふなで》することなく、砂浜《すなはま》に置《お》かれたままの船《ふね》を見《み》て、実朝《さねとも》は何《なに》を思《おも》ったのでしょう。記録《きろく》に残《のこ》っていないのでわかりませんが、「やはり自分《じぶん》は、このままここで生《い》きていくしかないのか……」と嘆《なげ》いたかもしれません。

1219（建保《けんぽう》7）年《ねん》1月《がつ》、実朝《さねとも》は、28歳《さい》の若《わか》さで暗殺《あんさつ》されました。実朝《さねとも》を殺《ころ》したのは、頼家《よりいえ》の息子《むすこ》、おいの公暁《くぎょう》でした。もしあの時《とき》、船《ふね》が浮《う》かんでいたら、実朝《さねとも》の運命《うんめい》はどうなっていたでしょうか。

政治《せいじ》に無関心《むかんしん》……
朝廷《ちょうてい》から位《くらい》をもらうのに熱心《ねっしん》！
妻《つま》は京《きょう》の貴族《きぞく》から迎《むか》え入《い》れた
和歌《わか》が好《す》き

源 実朝《みなもとのさねとも》（1192～1219年《ねん》）
鎌倉幕府《かまくらばくふ》3代将軍《だいしょうぐん》。武士《ぶし》だが貴族文化《きぞくぶんか》を好《この》んだ。実朝《さねとも》の歌集《かしゅう》『金槐和歌集《きんかいわかしゅう》』は傑作《けっさく》として今《いま》も評価《ひょうか》が高《たか》い。
大通寺蔵

実朝暗殺《さねともあんさつ》の場所《ばしょ》

源 実朝《みなもとのさねとも》が公暁《くぎょう》によって暗殺《あんさつ》された場所《ばしょ》は、鎌倉《かまくら》の鶴岡八幡宮《つるがおかはちまんぐう》という神社《じんじゃ》です。彼《かれ》は前《まえ》の年《とし》に武士《ぶし》として初《はじ》めて朝廷《ちょうてい》から「右大臣《うだいじん》」という高《たか》い位《くらい》をもらっており、神社《じんじゃ》にそのお礼《れい》をしに行《い》った帰《かえ》りに殺《ころ》されました。

▲鶴岡八幡宮《つるがおかはちまんぐう》と大銀杏《おおいちょう》。公暁《くぎょう》は実朝《さねとも》を暗殺《あんさつ》する時《とき》、この木《き》に隠《かく》れていたという。しかし、2010年《ねん》に強風《きょうふう》で倒《たお》れてしまい、大木《たいぼく》は今《いま》は切《き》り株《かぶ》になっている
写真：ピクスタ

3

鎌倉時代《かまくらじだい》

ニンゲンファイル

モンゴル襲来《しゅうらい》に立《た》ち向《む》かった鎌倉幕府《かまくらばくふ》の執権《しっけん》

北条時宗《ほうじょうときむね》

時宗《ときむね》がモンゴル軍《ぐん》の2度目《どめ》の襲来《しゅうらい》に備《そな》えて築《きず》くように命《めい》じた、高《たか》さ2～3mほどの石《いし》のとりで（石築地《いしついじ》）。現在《げんざい》の福岡県《ふくおかけん》の博多湾《はかたわん》に沿《そ》って、20km以上《いじょう》の長《なが》さで張《は》り巡《めぐ》らせたという

写真：福岡市

18歳《さい》で鎌倉幕府《かまくらばくふ》のトップに

北条時宗《ほうじょうときむね》は、鎌倉幕府《かまくらばくふ》の8代執権《だいしっけん》です。時宗《ときむね》は、18歳《さい》の若《わか》さで鎌倉幕府《かまくらばくふ》の事実上《じじつじょう》のトップに立《た》った時《とき》から、当時世界最強《とうじせかいさいきょう》だったモンゴル（元《げん》）軍《ぐん》に立《た》ち向《む》かう宿命《しゅくめい》を背負《せお》っていました（→170ページ）。

北条時宗《ほうじょうときむね》（1251～1284年《ねん》）

鎌倉幕府《かまくらばくふ》8代執権《だいしっけん》。1268（文永《ぶんえい》5）年《ねん》、執権《しっけん》に就《つ》き、その後《ご》の2度《ど》のモンゴル襲来《しゅうらい》に対《たい》して、強《つよ》いリーダーシップを発揮《はっき》した。

日本《にほん》を支配《しはい》しようと大軍《たいぐん》を送《おく》った

フビライ＝ハーン

フビライ＝ハーン（1215～1294年《ねん》）

モンゴル帝国《ていこく》５代目《だいめ》の大《だい》ハーン（皇帝《こうてい》）。在位中《ざいいちゅう》に中国《ちゅうごく》の北部《ほくぶ》（金《きん》）を支配《しはい》し、高麗《こうらい》（朝鮮半島《ちょうせんはんとう》の王《おう》朝《ちょう》）を服属《ふくぞく》させて国名《こくめい》を「元《げん》」と改《あらた》めた。その後《ご》も、中国南部《ちゅうごくなんぶ》（南宋《なんそう》）を征服《せいふく》、大帝国《だいていこく》をつくった。

「蒼《あお》き狼《おおかみ》」チンギス＝ハーンの孫《まご》

チンギス＝ハーンは、1206年《ねん》にモンゴル高原《こうげん》の遊牧民族《ゆうぼくみんぞく》を統一《とういつ》し、ヨーロッパにまでまたがる巨大《きょだい》なモンゴル帝国《ていこく》をつくった人物《じんぶつ》です。

モンゴルの神話《しんわ》に、「天《てん》から降《お》りてきた『蒼《あお》き狼《おおかみ》』の子《こ》どもが、モンゴル民族《みんぞく》の始《はじ》まり」とあることから、チンギスは「蒼《あお》き狼《おおかみ》」と呼《よ》ばれました。フビライ＝ハーンは、そんなモンゴルの英雄《えいゆう》の孫《まご》です。

中国全土《ちゅうごくぜんど》を征服《せいふく》！

チンギスの死後《しご》、フビライはモンゴル高原《こうげん》を中心《ちゅうしん》とした領地《りょうち》を引《ひ》き継《つ》ぎ、その後《ご》、中国《ちゅうごく》などを支配《しはい》して領土《りょうど》を拡大《かくだい》したため、「チンギスの再来《さいらい》」といわれていました。イタリアの大旅行家《だいりょこうか》、マルコ・ポーロが仕《つか》えたといわれている皇帝《こうてい》としても有名《ゆうめい》です。

「莫煩悩《まくぼんのう》」で日本《にほん》を守《まも》る！

時宗《ときむね》が「モンゴルに服従《ふくじゅう》せず、戦《たたか》って日《に》本《ほん》を守《まも》る」という大《おお》きな決断《けつだん》をした陰《かげ》には、時宗《ときむね》が中国《ちゅうごく》（南宋《なんそう》）から招《まね》いた僧《そう》の無学祖《むがくそ》元《げん》の存在《そんざい》がありました。祖元《そげん》は時宗《ときむね》に「莫《まく》煩悩《ぼんのう》（いっさいの欲望《よくぼう》や怒《いか》りなどを断《た》ち切《き》り、尻込《しりご》みせずに進《すす》め）」ということばを贈《おく》り、時宗《ときむね》はその教《おし》えにしたがったのです。

モンゴルより時宗《ときむね》を悩《なや》ませたこと

2度《ど》のモンゴル軍《ぐん》の襲来《しゅうらい》を退《しりぞ》けた時宗《ときむね》でしたが、モンゴル軍《ぐん》が去《さ》ったあとは、ほうびをもらえなかった武士《ぶし》たちの不満《ふまん》に対処《たいしょ》しなければなりませんでした。心《こころ》の休《やす》まることがなかった時宗《ときむね》は、そのためか病《やまい》に倒《たお》れ、2度目《どめ》のモンゴル襲来《しゅうらい》をしのいだ3年《ねん》後《ご》に、わずか34歳《さい》で亡《な》くなりました。

4

鎌倉時代《かまくらじだい》 ウンチクこぼれ話《ばなし》

【北条政子《ほうじょうまさこ》の名演説《めいえんぜつ》】

170ページで説明《せつめい》した政子《まさこ》の名演説《めいえんぜつ》はコレ！

富士川《ふじがわ》、屋島《やしま》、壇《だん》の浦《うら》……。
皆《みな》も頼朝様《よりともさま》と命《いのち》がけで戦《たたか》ったことを
思《おも》い出《だ》してください。
その結果《けっか》、私《わたし》たち武士《ぶし》の生活《せいかつ》は
とてもよくなりました。
それはすべて
頼朝様《よりともさま》のおかげではありませんか。
今《いま》こそ、そのご恩《おん》に
報《むく》いるべきです。
私《わたし》の言《い》っていることが
間違《まちが》っていると思《おも》うのなら、
今《いま》すぐここを去《さ》り、
上皇《じょうこう》の軍《ぐん》のもとに行《い》きなさい！
私《わたし》は頼朝様《よりともさま》がつくられた
この鎌倉《かまくら》で、
幕府《ばくふ》を守《まも》ります！

【新《あたら》しい仏教《ぶっきょう》が生《う》まれた】

戦乱《せんらん》や天災《てんさい》が相次《あいつ》いだ平安時代《へいあんじだい》の末《すえ》から鎌倉時代《かまくらじだい》のはじめ。人々《ひとびと》は不安《ふあん》を募《つの》らせていました。そんな時代《じだい》に、国《くに》や貴族《きぞく》のためだったそれまでの仏教《ぶっきょう》とは異《こと》なる、簡単《かんたん》でわかりやすく実行《じっこう》しやすい新《あたら》しい仏教《ぶっきょう》がおこり、武士《ぶし》や庶民《しょみん》の間《あいだ》で流行《りゅうこう》しました。これらを「鎌倉仏教《かまくらぶっきょう》」といいます。

今《いま》の仏教《ぶっきょう》はこの流《なが》れのものが多《おお》いぞ

鎌倉仏教《かまくらぶっきょう》6人衆《にんしゅう》

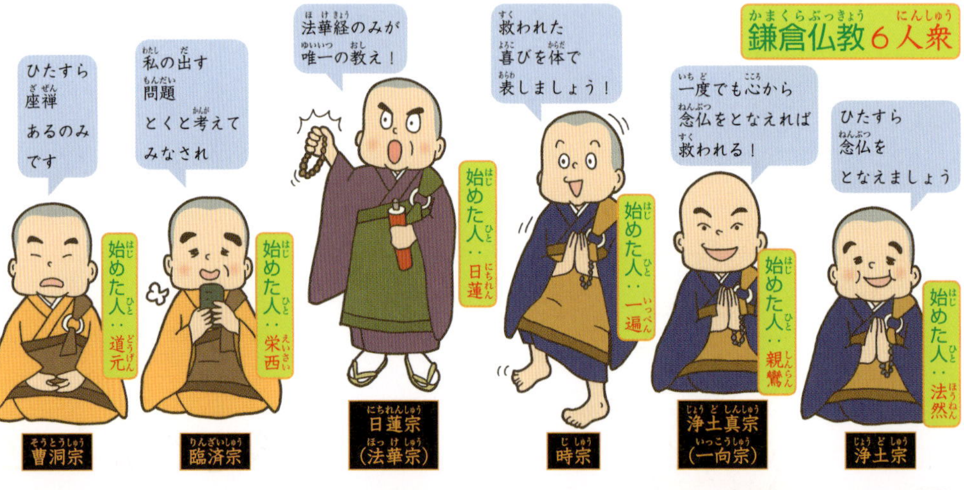

ひたすら念仏《ねんぶつ》をとなえましょう
始《はじ》めた人《ひと》：法然《ほうねん》
浄土宗《じょうどしゅう》
一度《いちど》でも心《こころ》から念仏《ねんぶつ》をとなえれば救《すく》われる！
始《はじ》めた人《ひと》：親鸞《しんらん》
浄土真宗《じょうどしんしゅう》（一向宗《いっこうしゅう》）
救《すく》われた喜《よろこ》びを体《からだ》で表《あらわ》しましょう！
始《はじ》めた人《ひと》：一遍《いっぺん》
時宗《じしゅう》
法華経《ほけきょう》のみが唯一《ゆいいつ》の教《おし》え！
始《はじ》めた人《ひと》：日蓮《にちれん》
日蓮宗《にちれんしゅう》（法華宗《ほっけしゅう》）
私《わたし》の出《だ》す問題《もんだい》とくと考《かんが》えてみなされ
始《はじ》めた人《ひと》：栄西《えいさい》
臨済宗《りんざいしゅう》
ひたすら座禅《ざぜん》あるのみです
始《はじ》めた人《ひと》：道元《どうげん》
曹洞宗《そうとうしゅう》

阿
吽

東大寺《とうだいじ》の金剛力士像《こんごうりきしぞう》（国宝《こくほう》）
右《みぎ》の口《くち》を「あ」と開《あ》けているのが阿形《あぎょう》、
左《ひだり》の口《くち》を「うん」と閉《と》じているのが吽形《うんぎょう》
東大寺蔵　写真提供：飛鳥園

【新《あたら》しい仏像《ぶつぞう》も生《う》まれた】

武士《ぶし》や庶民《しょみん》が信仰《しんこう》した新《あたら》しい仏教《ぶっきょう》に合《あ》わせて、新《あたら》しい仏像《ぶつぞう》の様式《ようしき》も誕生《たんじょう》しました。それまでの繊細《せんさい》な仏像《ぶつぞう》から、強《つよ》くたくましい仏像《ぶつぞう》がつくられるようになったのです。この時代《じだい》の代表的《だいひょうてき》な仏像《ぶつぞう》に、東大寺南大門《とうだいじなんだいもん》（奈良県《ならけん》）の金剛力士像《こんごうりきしぞう》、阿形《あぎょう》と吽形《うんぎょう》（通称《つうしょう》・仁王像《におうぞう》）があります。

【義経《よしつね》はチンギス＝ハーンだった？】

平泉《ひらいずみ》で自害《じがい》したはずの源義経《みなもとのよしつね》ですが、「実《じつ》は生《い》きている」という伝説《でんせつ》がいくつか残《のこ》っています。その1つに、「モンゴルに逃《に》げ、やがて皇帝《こうてい》のチンギス＝ハーンとなった」という驚《おどろ》くべきものがあります。

【ラブレターを代筆《だいひつ》していた吉田兼好《よしだけんこう》】

鎌倉《かまくら》・室町時代《むろまちじだい》の文学者《ぶんがくしゃ》で『徒然草《つれづれぐさ》』を書《か》いたことでも有名《ゆうめい》な吉田《よしだ》（卜部《うらべ》）兼好《けんこう》。彼《かれ》は文章《ぶんしょう》だけでなく、字《じ》もじょうずだったため、ラブレターの代筆《だいひつ》アルバイトをしていたといわれています。

鎌倉時代《かまくらじだい》の話《はなし》は
これでおしまい！
別《べつ》の時代《じだい》で、
また会《あ》おうね！

平安時代末《へいあんじだいすえ》〜鎌倉時代《かまくらじだい》年表《ねんぴょう》

時代	年	出来事
平安時代《へいあんじだい》	1159年《ねん》	平治《へいじ》の乱《らん》（平清盛《たいらのきよもり》が 源《みなもとの》 義朝《よしとも》〈源《みなもとの》 頼朝《よりとも》・義経《よしつね》の父《ちち》〉を破《やぶ》る）
平安時代《へいあんじだい》	1160年《ねん》	頼朝《よりとも》が伊豆《いず》に流《なが》される
平安時代《へいあんじだい》	1167年《ねん》	清盛《きよもり》が太政大臣《だいじょうだいじん》になる
平安時代《へいあんじだい》	1171年《ねん》	清盛《きよもり》の娘《むすめ》・徳子《とくこ》が高倉天皇《たかくらてんのう》のきさきとなる
平安時代《へいあんじだい》	1178年《ねん》	徳子《とくこ》が皇子《おうじ》（後《のち》の安徳天皇《あんとくてんのう》）を産《う》む
平安時代《へいあんじだい》	1180年《ねん》	以仁王《もちひとおう》が平氏追討《へいしついとう》の令旨《りょうじ》（命令書《めいれいしょ》）を出《だ》す 頼朝《よりとも》が平氏打倒《へいしだとう》の兵《へい》を挙《あ》げる
平安時代《へいあんじだい》	1181年《ねん》	清盛《きよもり》が亡《な》くなる
平安時代《へいあんじだい》	1183年《ねん》	倶利伽羅峠《くりからとうげ》の戦《たたか》い（源《みなもとの》〈木曽《きそ》〉義仲《よしなか》が平氏軍《へいしぐん》を破《やぶ》る）
平安時代《へいあんじだい》	1184年《ねん》	宇治川《うじがわ》の戦《たたか》い（義経《よしつね》が義仲《よしなか》を破《やぶ》る） 一《いち》の谷《たに》の戦《たたか》い（義経《よしつね》が平氏軍《へいしぐん》を破《やぶ》る）
平安時代《へいあんじだい》	1185年《ねん》	屋島《やしま》の戦《たたか》い（義経《よしつね》が平氏軍《へいしぐん》を破《やぶ》る） 壇《だん》の浦《うら》の戦《たたか》い（義経《よしつね》が平氏《へいし》を滅《ほろ》ぼす）
	1185年《ねん》	頼朝《よりとも》が全国《ぜんこく》に守護《しゅご》・地頭《じとう》を置《お》く

鎌倉時代《かまくらじだい》

1189年《ねん》	義経《よしつね》が藤原泰衡《ふじわらのやすひら》に攻《せ》められて自害《じがい》する
	頼朝《よりとも》が奥州藤原氏《おうしゅうふじわらし》を滅《ほろ》ぼす
1192年《ねん》	頼朝《よりとも》が征夷大将軍《せいいたいしょうぐん》になる
1199年《ねん》	頼朝《よりとも》が亡《な》くなる
1203年《ねん》	北条時政《ほうじょうときまさ》が執権《しっけん》になる
1219年《ねん》	3代将軍《だいしょうぐん》・源実朝《みなもとのさねとも》が暗殺《あんさつ》される（源氏《げんじ》の将軍《しょうぐん》が絶《た》える）
1221年《ねん》	承久《じょうきゅう》の乱《らん》（幕府軍《ばくふぐん》が後鳥羽上皇軍《ごとばじょうこうぐん》を破《やぶ》る）
	京《きょう》に六波羅探題《ろくはらたんだい》が置《お》かれる
1232年《ねん》	御成敗式目《ごせいばいしきもく》が定《さだ》められる
1268年《ねん》	北条時宗《ほうじょうときむね》が執権《しっけん》になる
1274年《ねん》	文永《ぶんえい》の役《えき》（モンゴル〈元《げん》〉軍《ぐん》が襲来《しゅうらい》する）
1281年《ねん》	弘安《こうあん》の役《えき》（モンゴル軍《ぐん》が再《ふたた》び襲来《しゅうらい》する）
1331年《ねん》	後醍醐天皇《ごだいごてんのう》が鎌倉幕府《かまくらばくふ》を倒《たお》す（倒幕《とうばく》）ための2度目《どめ》の計画《けいかく》を立《た》てる
1333年《ねん》	後醍醐天皇《ごだいごてんのう》が倒幕《とうばく》の兵《へい》を挙《あ》げる
	鎌倉幕府《かまくらばくふ》の有力御家人《ゆうりょくごけにん》だった足利尊氏《あしかがたかうじ》が後醍醐天皇《ごだいごてんのう》に味方《みかた》する
	鎌倉幕府《かまくらばくふ》が滅亡《めつぼう》する

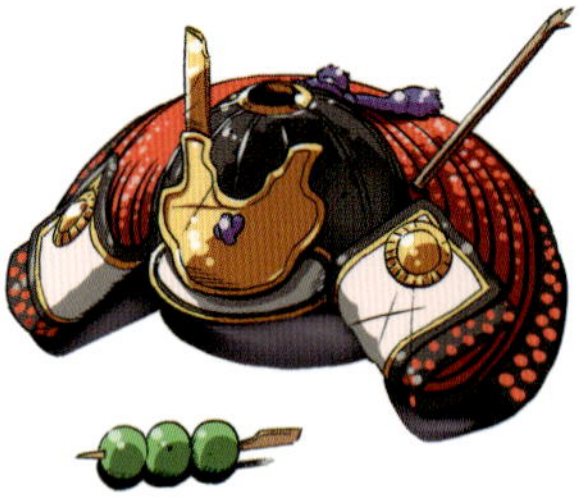

監修　河合敦
編集デスク　大宮耕一、橋田真琴
編集スタッフ　泉ひろえ、河西久実、庄野勢津子、十枝慶二、中原崇
シナリオ　庄野勢津子
マンガ着彩協力　せまうさ、久永フミノ、Techno Deco Co.,Ltd.
コラムイラスト　相馬哲也、中藤美里、横山みゆき、イセケヌ
コラム図版　平凡社地図出版、谷口正孝、エスプランニング
参考文献　『早わかり日本史』河合敦著 日本実業社／『詳説 日本史研究 改訂版』佐藤信・五味文彦・高埜利彦・鳥海靖編 山川出版社／『調べ学習日本の歴史 13 武士の研究』田代脩監修 ポプラ社／「週刊マンガ日本史 改訂版」13、17～21、24 号 朝日新聞出版／「新発見！日本の歴史 06」朝日新聞出版／『マンガ日本史ＢＯＯＫ 文学編 マンガ平家物語 上下』館尾洌・伊藤伸平・イセダイチケン・柏葉比呂樹 朝日新聞出版

※本シリーズのマンガは、史実をもとに脚色を加えて構成しています。

鎌倉《かまくら》時代《じだい》へタイムワープ

2018年３月30日　第１刷発行
2022年４月30日　第８刷発行

著　者　マンガ：イセケヌ／ストーリー：チーム・ガリレオ、イセケヌ
発行者　片桐圭子
発行所　朝日新聞出版
〒104-8011
東京都中央区築地5-3-2
編集　生活・文化編集部
電話　03-5540-7015（編集）
03-5540-7793（販売）

印刷所　株式会社リーブルテック
ISBN978-4-02-331666-9
本書は 2016 年刊『鎌倉時代のサバイバル』を増補改訂し、改題したものです

本《ほん》の感想《かんそう》や知《し》ったことを書《か》いておこう。